Phänomenologie des Geldes

Karl-Heinz Brodbeck

»Geld ist geprägte Freiheit.«

Fjodor Dostojewski

»Geld ist eine neue Form von Sklaverei.«

Lew Nikolajewitsch Tolstoi

»Ehemals sah man mit ehrlicher Vornehmheit auf die Menschen herab, die mit Geld Handel treiben … Jetzt sind sie die herrschende Macht in der Seele der modernen Menschheit.«

Friedrich Nietzsche

Herausgegeben vom Conzett Verlag in Zusammenarbeit mit
der Cusanus Hochschule für Gesellschaftsgestaltung

978-3-03760-054-2

www.conzettverlag.ch

Inhalt

Vorbemerkung

«Der vorliegende Text ist die überarbeitete, aktualisierte und deutlich erweiterte Version des Manuskripts zu einem Vortrag und Seminar bei der Herbstakademie »Ökonomien des Gemeinsamen« im Spätsommer 2012 an der Alanus-Hochschule (Alfter). Er erschien 2014 zudem in kürzerer Form als Working Paper Nr. Ök-3 am Institut für Ökonomie und Institut für Philosophie der Cusanus Hochschule.

Ich danke Dr. Jürg R. Conzett und Florian Bally-Rommel für kritische Hinweise und die Anregung, meinen Text auch in gedruckter Form erscheinen zu lassen.

Karl-Heinz Brodbeck, Januar 2023

Einleitung: Geld als Vergesellschaftung

»Wann sagt den Soziologen jemand,
was das Gesellschaftliche ist?
Das ist nicht mit Definitionen getan (…).
Das Gesellschaftliche ist eine Interpretation.«

Martin Heidegger

Das Geld verbindet die Menschen zu einer Gesellschaft – dies aber auf eine merkwürdige und widersprüchliche Weise, die wissenschaftlich aufzudecken für das Verständnis der Krisen in der Gegenwart unabdingbar ist. *Geld,* diese zentrale Form, worin Menschen global ihre Gesellschaft herstellen, wird selten *als* Weise der *Ver-Gesellschaftung* erkannt – trotz der Allgegenwart des Redens über Geld. Was versteht man unter »Vergesellschaftung«? Meist bezieht man sich in der Soziologie auf Max Weber als Urheber dieses Begriffs, der darunter einen »rational motivierten Interessenausgleich« versteht. Georg Simmel leitet den Begriff von »Geselligkeit« ab und sagt: »Gesellschaft ist das übersinguläre Gebilde, das doch nicht abstrakt ist.« Bei Karl Marx findet sich dieser Begriff spezifiziert als »Vergesellschaftung der Arbeit«. Diese Definition greift auch Friedrich Engels auf und wendet sich in seinem »Anti-Dühring« gegen Hegel, der »Vergesellschaftung« als im Denken vollzogene Einheit betrachtete und sie dabei spezifisch als *»bürgerliche* Gesellschaft« begreifen wollte. Engels erblickt in der Vergesellschaftung zugleich die Weise, die den Menschen zum »Herren der Natur« mache.[1]

Mein Zugang ist in Differenz zu diesen Auffassungen *kategorial* grundverschieden. »Gesellschaft« ist ein *Grundbegriff*. Er begründet viele Formen, die als soziale interpretiert werden. Inwiefern solch eine Be-Gründung möglich ist, nachgerade beim Phänomen des Geldes, gilt es nachfolgend zu zeigen. Ein Hinweis vorab; ausführlich entfaltet ist dieser Gedanke in meinem Buch »Die Herrschaft des Geldes« und anderen Texten: »Gesellschaft« als Grundbegriff ist in sich verdoppelt und bedeutet »die Einheit *der* Vielen«, die sich aber gleichursprünglich mit der Kategorie der »Abstraktion« als »Einheit *des* Vielen« offenbart. Menschen vergesellschaften sich nicht »objektiv«, außerhalb ihres Denkens, um so dann vielfältig als soziale Form »interpretiert« zu werden. Die Vergesellschaftung ist im selben Akt der Vollzug ihrer *Selbstinterpretation* und ihrer Verwirklichung in Sprache und Geld. Sprache und Geld sind nur dann als Grundbegriffe erkannt, wenn man sie *uno actu* als Weisen der Vergesellschaftung durchschaut. Eine Philosophie des Geldes ist deshalb stets zugleich eine Theorie der Gesellschaft. Darin zeigt sich, dass Grundbegriffe *offenbart* werden als Weisen der Vergesellschaftung. Sie kommen nicht auf getrennten Wegen in das Denken; das Denken ist zugleich der je denkende Vollzug von Gesellschaft. Aus diesem Grund erwächst ein ganzer Wald an Verästelungen und Verzweigungen in vielen Wissensgebieten – ein Grund, der, wiewohl weiter begründend, vergessen wurde in einer Mannigfaltigkeit des technisch gewendeten Wissens. Daraus erwachsen die Krisen dessen, wie die Menschen Umgang pflegen miteinander, sich selbst und die umgebende Natur interpretieren.

Man will am Geld viele Aspekte entdecken, weicht aber gleichwohl der Frage, was *Geld als Geld* eigentlich ist, im vielstimmigen Chor der Wissenschaften aus, die das Geld als Geld gar nicht in den

Blick nehmen und *als etwas anderes* erklären: Es gibt eine Psychologie, Soziologie, Ästhetik, Rhetorik, Semiotik, sogar eine Theologie des Geldes. Daneben stehen umfangreiche historische Abhandlungen zum Geld, zu seiner Entstehung und seinen vielfältigen Ausprägungen. Die Theorie des Geldes im engeren Sinn ist ein Teilgebiet der Wirtschaftswissenschaften.

Sieht man von wenigen Ansätzen in der Philosophie ab, so ist den genannten Untersuchungen zum Geld in der Regel etwas gemeinsam: Durch die Organisation des jeweiligen Fachgebiets wendet man eine vorausgesetzte Methode an, mit deren Hilfe man das Geld zu erklären versucht. Die Disziplin, die eigentlich das Geld in den Mittelpunkt ihrer Analyse rücken müsste – die Ökonomik –, wird aber auf weite Strecken so formuliert, als gäbe es kein Geld, oder man setzt es einfach voraus (so in der Preistheorie, der Spieltheorie, der Verhaltensökonomik, der Konjunktur- und Wachstumstheorie, der Finanzmarkttheorie usw.). In der Ökonomik herrscht etwa folgende Haltung: Man sagt, M sei die Geldmenge, rechnet dann munter mit dieser Größe, und kein Studierender fragt, was M *eigentlich ist*. Weil alle Menschen in der Gegenwart Geldscheine kennen und benutzen, scheint sich eine weitere Erklärung von M zu erübrigen.

»Before ever he does ask, he has become a professor, and so sloppy habits of thought are handed on from one generation to the next.«[2]

Die älteren ökonomischen Erklärungsversuche[3] werden, wenn überhaupt, unter dem Titel »Dogmengeschichte« als Nebenfach abgehandelt. Zeitgenössische Geldtheorien entnehmen ihre Gelddefinition meist den Statistiken der Zentralbankbilanzen. Doch auch die älteren Theorien des Geldes bieten höchst widersprüchliche Erklärungsansätze an. Gemeinsam ist den *ökonomischen* Geldtheorien, dass sie an ihrem wichtigsten Gegenstand, dem Geld, gescheitert sind. Ich lege den Schwerpunkt nachfolgend allerdings nicht auf die Kritik dieser tradierten Geldtheorien, sondern formuliere eine *Phänomenologie* des Geldes, die sich fundamental von den ökonomischen Theorien unterscheidet. Es gibt Ansätze zu einer *Phänomenologie* des Geldes bei einigen Autoren. So hat man Georg Simmels Philosophie partiell als phänomenologische Analyse interpretiert, unter Vergleich mit einigen Skizzen von Karl Marx.[4] Unter den Ökonomen hat sich wohl nur Robert Liefmann einigen Aspekten einer Phänomenologie des Geldes (ohne den Begriff zu verwenden) genähert. Auch Sean Dorrance Kelly (2005) skizziert mit Blick auf Searle eine kurze *phenomenology of money-use*. All diese Ansätze sind allerdings nur uneigentlich phänomenologisch im Sinn der Philosophie von Hegel oder Husserl. Es bleibt richtig zu sagen:

»Es gibt zum Beispiel keine Phänomenologie des Geldes. Niemand hat sich daran herangewagt. Man hat alle möglichen Gegenstände phänomenologisch analysiert – das Geld nicht. Also ich muss glaube ich doch sagen: Der Mensch hat am Geld fast nichts verstanden.«[5]

Das Geld verbindet die Menschen zu einer Gesellschaft – dies aber auf eine sehr merkwürdige und widersprüchliche Weise, die wissenschaftlich aufzudecken für das Verständnis der Krisen in der Gegenwart unabdingbar ist.

Zur Phänomenologie

Die Phänomenologie ist eine vielfältig differenzierte philosophische Schule.[6] Sie ist eigentlich eine Nicht-Methode, weil sie sich – wie der Name sagt – von den *Phänomenen selbst*, nicht von einer vorformulierten Methode leiten lässt. Sie unterscheidet sich darin von anderen Ansätzen durch eine grundlegend veränderte Blickrichtung, die an den Anfang die je *eigene* Erfahrung, die je *eigenen* Denkprozesse setzt. Wissenschaften be*handeln* methodisch *Gegenstände*; Philosophie dagegen bringt *Denkprozesse zu Bewusstsein*. Von Walter Benjamin stammt der Satz: »Methode ist Umweg.« Die Phänomenologie wählt den direkten Weg. Denn die menschliche Gesellschaft ist kein äußeres, fremdes Ding. Sie organisiert sich immer durch das Bewusstsein der vielen Menschen hindurch. Deshalb ist die »wissenschaftliche« Methode (*science*), die Theorie und Realität trennt, hier gerade verfehlt. Die Phänomenologie rückt das Bewusstsein wieder in den Mittelpunkt.

Ursprünglich wurde »Phänomenologie« in der Philosophie für eine Blickweise als Begriff verwendet – wie Kant sagte –, die sich auf die »Erscheinung äußerer Sinne« bezieht, was auch »Phänomenologie genannt wird«.[7] Als systematisch entfaltete Methode des Philosophierens wurde die Phänomenologie von Georg Wilhelm Friedrich Hegel (»Phänomenologie des Geistes«, 1807) eingeführt. Später entwickelte Franz Brentano im Sinn der Kant'schen Definition eine Sinnespsychologie, die als Phänomenologie interpretiert wurde. Um die »Gegebenheit der sinnlichen Gegenstände« entbrannte in der Brentano-Schule eine Diskussion. Edmund Husserl, dessen Philosophie aus dieser Brentano-Schule hervorging, präzisierte den Begriff der »Intentionalität«. Gemeint ist zunächst einfach das, worauf sich eine Intention (*intentio*) richtet. Husserl verwendet den Begriff in einem abstrakt erweiterten Sinne in seinen »Logischen Untersuchungen« von 1900/01. Eine Intention zielt stets auf ein *Etwas*, ist durch dieses Etwas auch geformt. Husserl fordert aber, dass das, was in der Intention zunächst »mit-vermeint« wird, eingeklammert wird. Dies meint die *Zurückhaltung eines Urteils* (von griechisch *epoché anhalten, zurückhalten*), d.h. das Zurückhalten aller bislang an einen Gegenstand des Denkens herangetragenen Meinungen. So soll das reine Wesen dessen, was ein Phänomen ausmacht, in den Blick kommen. Dies gab den Anstoß für das, was in der Philosophie heute meist als »Phänomenologie« verstanden wurde. Später modifizierte und erweiterte Husserl seine Theorie in »Ideen zu einer reinen Phänomenologie und phänomenologischen Philosophie« (1913) und weiteren Schriften. Hinzu kamen in seinen Vorlesungen in Paris sowohl Vertiefungen der »Ideen«-Schrift wie (die aus dem Nachlass publizierten) Überlegungen zu einer »Phänomenologie der Intersubjektivität«. Husserls Ansätze mit Blick auf verschiedene Wissensgebiete wurden von seinen Schülern, von Martin Heidegger, Max Scheler, Maurice Merleau-Ponty, Jean-Paul Sartre und anderen weiterentwickelt und vertieft. Ohne mich an eine Variante von Phänomenologie – mit je subtilen Unterscheidungen – zu klammern, knüpfe ich in meinen Überlegungen an Hegel ebenso an wie an Husserl, mache daraus aber keine dogmatische Methode. Im Sinne Hegels beobachtet man in einer phänomenologischen Analyse das alltägliche Bewusstsein bei seinen einfachen Denkprozessen und beschreibt dabei die *Form* der vollzogenen Gedanken. Husserls Motto war: »Zu den Sachen selbst!« Gemeint ist aber auch bei ihm das, was vom jeweiligen Phänomen rein im Bewusstsein nach Abstreifen aller Vor-Urteile als Wesen erscheint.

Eine im weiteren Sinn verstandene Phänomenologie lässt sich wie folgt skizzieren: Uns Menschen sind die Dinge stets als Gegenstände, d.h. als *bewusste Wahrnehmungen* in einer Erkenntnisrelation gegeben, in der es kein Objekt ohne Subjekt (und umgekehrt) gibt. Deshalb untersuchen Hegel und Husserl die Weise des Gegebenseins der Dinge im Bewusstsein, denn *für uns* sind alle Dinge nur im Bewusstsein *da*. Das Bewusstsein ist kein leerer Behälter, in den Äußeres eingefüllt wird (wie z.B. in der Abbildtheorie der Erkenntnis letztlich behauptet wird). Das Bewusstsein ist auf besondere Weise *ausgerichtet*, ist also »intentionales Bewusstsein«. Umgekehrt ist ein Ding an sich gänzlich außerhalb jedes Bewusstseins gar nicht denkbar, da sich Wahrnehmungen und Gedanken immer in Bedeutungen (Formen des Bewusstseins) bewegen. Auch das, was aktuell nicht bewusst, nicht beobachtet ist, besitzt weiterhin die Eigenschaft, *beobachtbar* zu sein. Die Dinge sind immer offen zum Bewusstsein hin. Wären sie es nicht, so könnten wir sie weder erkennen noch mit ihnen handelnd umgehen. Der Gedanke, etwas existiere, das gänzlich unvorstellbar und damit undenkbar sei, kann nicht gedacht, nur als sinnlose Wortfolge ausgesprochen werden. Es gibt deshalb ihrer Natur nach (in ihrem Wesen) nur beobachtbare Dinge und darum auch aktual keine Dinge ohne Beobachtung. Jede wissenschaftliche Bedeutung, jeder wissenschaftliche Inhalt ist in seinem primären Befund als eine Form des Bewusstseins gegeben. Kant, dessen Transzendentalphilosophie Husserl später unter Rückgriff auf Descartes teilweise als Grundlage voraussetzt, hatte die *Dinge an sich* von ihrer wahrgenommenen Form unterschieden. Als wahrgenommene oder gedachte sind Dinge *immer* Objekte und setzen notwendig ein Subjekt oder ein Bewusstsein voraus. Kant hatte bestritten, dass man Dinge an sich, getrennt von dieser Erkenntnisrelation Subjekt-Objekt, erkennen kann. Sobald man *irgendetwas* erkennen will, hat man es schon als Objekt auf ein Subjekt bezogen. Im Anschluss an Kant wurde oft die Frage diskutiert, ob Dinge an sich unabhängig von ihrem aktuellen oder potenziellen Wahrgenommenwerden, also von der prinzipiellen Möglichkeit, sie zu beobachten, existieren. Diese erkenntnistheoretische Frage stellt sich bei der Untersuchung der menschlichen Gesellschaft nicht, weil sich die Gesellschaft immer nur durch das Bewusstsein *hindurch* organisiert.

Gleichwohl kann diese Frage aber für jeden Gegenstand beantwortet werden. Dazu nur ein kurzer Hinweis: Albert Einstein und Nils Bohr stritten vor dem Hintergrund der Quantenphysik um die Frage: »Ist der Mond auch da, wenn niemand hinsieht?« Einstein bejahte, Bohr verneinte. Diese Frage löst sich auf, wenn man nach der Bedeutung von »Mond« und »er existiert« fragt. Ein Begriff »Mond« (alltäglich oder wissenschaftlich verstanden), der im Sinn der Semantik nichts bedeutet, also auf keine Weise einen beobachtbaren Inhalt besitzt, der »ist« auch nichts; er zielt auf kein existierendes Etwas. Ein Mond, der gänzlich außerhalb jeglicher Erkenntnis vorgestellt würde, wäre ein Nichts. Ist er aber erkennbar, so bleibt der Sinn von »Mond« immer auf ein Bewusstsein bezogen, auch wenn es nicht aktuell vollzogen wird. Berkeley sagte deshalb zur Begründung seines berühmten Satzes »Sein ist Wahrgenommenwerden oder Wahrnehmen« (*esse est percipe vel percipere*): »Ich bin überzeugt, würden die Menschen nur prüfen, was sie mit dem Wort ›Existenz‹ meinen, würden sie mit mir übereinstimmen.«[8]

Es gibt »da draußen« keine Entität »Gesellschaft«, nur Menschen. Und Menschen denken, handeln, sprechen und stellen so Gesellschaft täglich neu her. Anders als Kant und Husserl gehe ich

Eine Philosophie des Geldes ist stets zugleich eine Theorie der Gesellschaft.

nachfolgend nicht von einem idealisierten, d.h. vereinzelten Subjekt aus, sondern von der Gemeinschaft sprechender und handelnder Menschen, in der sich individuelles Bewusstsein immer wieder neu aus dem Diskurs mit anderen entwickelt. Man nennt diesen modifizierten Blick in der Philosophie auch den *linguistic turn*. Nicht ein vereinzeltes Bewusstsein an sich wird untersucht, sondern die Weise, wie wir bewusst – innerlich und äußerlich – über Dinge *sprechen*.

Die *Grundidee der Phänomenologie* lässt sich damit wie folgt beschreiben: Wenn wir über bestimmte Gegenstände nachdenken, so ist unser Bewusstsein, unsere Achtsamkeit auf diese Gegenstände gerichtet und von ihnen mehr oder weniger gefesselt. Wir bemerken dabei nicht oder eher selten, *wie* wir diese Gegenstände und *in* welchen Begriffen wir denken. Unsere *Intentionalität* ist nach außen gerichtet und sucht deshalb im Äußeren eine Erfüllung, einen Inhalt. Hierbei werden einige Intentionen mitvollzogen, die aber nicht bewusst sind. In der mittelalterlichen Philosophie sprach man von einer *intentio recta*: Man ist geradewegs auf eine Sache gerichtet, ohne den begleitenden Denkprozess zu reflektieren. Um Letzteres zu leisten, bedarf es einer Umkehrung der Aufmerksamkeit, einer *intentio obliqua*, den Blick in das eigene Denken, *während* man wahrnimmt und denkt. Genau das leistet die Phänomenologie. Sie weiß, dass wir uns beim alltäglichen und wissenschaftlichen Erkennen in Gedanken bewegen, während wir *etwas* erkennen. Der gewöhnliche, nach außen gerichtete Realitätsglaube sieht nur äußere Gegenstände, nicht zugleich ihre Erscheinungsweise als Bewusstseinsform. Um zum reinen Phänomen in seiner Bedeutung zu gelangen, muss man das je Mit-Vermeinte »einklammern«.

Dabei gilt für die so betrachtete Erscheinung, wie Husserl sagt:

»Während das an ihr, was die Erscheinung des Gegenstandes ausmacht, ungeändert bleibt, ändert sich der intentionale Charakter des Erlebnisses. Es konstituiert sich hierdurch, ohne daß irgendeine erfüllende oder illustrierende Anschauung auftreten müßte, ein Akt des Bedeutens.« [9]

Etwas spezifischer gesagt: Während wir denken, machen wir innere Bilder, fühlen begleitende Emotionen, vor allem aber *sprechen* wir mit uns selbst. Dieses innere Sprechen, wenn man über eine Sache nachdenkt, ist aber *geformt* durch Begriffe oder – in den Wissenschaften – durch Modelle. Das Verfahren der empirisch orientierten Wissenschaften besteht darin, zunächst ein Modell zu entwickeln und in diesem Modell dann *nachträglich* damit auf die Sachen, die Phänomene – in unserem Fall das Geld – zu blicken, um sie in die Kategorien des Modells einzusortieren. Man sieht dann nur ein Etwas, das man schon als Begriff kennt. Man sieht nur, was man schon weiß. Scheitert die Beschreibung einer Sache in einer Wahrnehmung (Falsifikation), so kann man eine korrekte Wahrnehmung einer Entität nicht an den Dingen direkt ablesen. Man muss einen erneuten Anlauf nehmen, eine neue Beschreibung formulieren. Die Dinge, die Phänomene sprechen nicht *von sich her* zu uns. Es gibt letztlich keine »Induktion« von den Dingen her zu den Gedanken hin. Auch im gewohnten, alltäglichen Umgang mit Dingen haben sich längst »Modelle«, Vor-Urteile eingeschlichen. Einige dieser Vor-Urteile mögen sich bewährt haben, andere werden allerdings ohne Prüfung mitgeschleppt. Bestimmte Phänomene be-

Die Disziplin, die eigentlich das Geld in den Mittelpunkt ihrer Analyse rücken müsste – die Ökonomik –, wird aber auf weite Strecken so formuliert, als gäbe es kein Geld, oder man setzt es einfach voraus.

merkt man erst, wenn man darauf hingewiesen wird. Das Alltagsdenken liefert nicht von sich her »Erklärungen«. Es ist deshalb ein wichtiger und richtiger Gedanke, dass man stets von Vorformen, die schon im Bewusstsein sind, in seiner Beobachtung, Erfahrung und Wahrnehmung gelenkt wird. Deshalb wird in den Wissenschaften das Bilden von Modellen strikt von der Erfahrung (Experiment, Beobachtung) getrennt. In den Naturwissenschaften ist dieses Verfahren auch oft erfolgreich.

Bei sozialen Phänomenen steht allerdings die Sache anders. Natürlich kann man auch dort bei einem von vorgängigen Modellen gelenkten Blick »etwas« sehen. *Jedes* Modell bringt etwas zur Erscheinung. Doch die Voraussetzungen des Modells bilden ein wesentliches Hemmnis. Man bemerkt die Reichweite der stillschweigend vorausgesetzten Modell- und Denkformen nicht. Ein Beispiel: Seit David Hume verwenden Ökonomen die Metapher vom »Öl in der Maschine« für das Geld. Die Wirtschaft sei eine Maschine, die manchmal ruckelt (Rezession), weil Öl fehlt; manchmal wird zu viel Öl verwendet, es läuft über (Inflation) und setzt die Maschine außer Funktion (Krise). Sicher – *irgendetwas* an Erfahrung können wir in dieses Bild einsortieren. Selbst die schrägste Metapher erlaubt noch, *irgendetwas* zu sehen – doch es sind hier bestenfalls Aspekte der Geldverwendung, nicht das Geld selber. Wenn man den Begriff »Maschine« durch ein mathematisches Maschinenmodell (ein System von Gleichungen für den Preis*mechanismus*) ersetzt, dann rückt der beobachtete Gegenstand in noch weitere Ferne, andererseits wird das vorausgesetzte Modell, weil nicht durch Erfahrung korrigiert, noch selbstverständlicher.

Psychologisch kommt noch hinzu: Derjenige, der ein Modell benutzt, versteht *sich selbst in und aus diesem Modell,* wird zum Modell*experten* und erliegt der Ich-Illusion, außerhalb seiner Selbstfesselung durch das Modell gäbe es keine Wissenschaft. Dies nennt man *déformation professionelle*: Man sieht nur noch das, was im eigenen Expertengeist erscheinen kann. Man hat sich in der Ökonomik die Denkform – im Beispiel vom Öl in der Maschine die neoklassische – so sehr zu eigen gemacht, dass man einen spezifischen Subjekttypus als »*Ökonom*« ausbildet. Und jedes Argument gegen das *selbst*verständlich vorausgesetzte *Modell* wird dann als Angriff auf das eigene *Selbst* interpretiert. Der japanische Zen-Meister Shunryu Suzuki sagte: »Des Anfängers Geist hat viele Möglichkeiten, der des Experten hat nur wenige.« Im Expertengeist festgefahren, möchte ein Ökonom dann, falls man ihn kritisiert – und dies auch nur bei einigermaßen flexiblen Geistern –, ein *anderes* Modell zu erneutem Festhalten präsentiert bekommen. An der metaphysischen[10] Trennung von Modell und Realität, damit an der Trennung des eigenen Denkprozesses von der wirtschaftlichen Wirklichkeit hält man dann weiterhin – wenn auch vielfach unbewusst – fest. Man tauscht vielleicht die ursprüngliche Denkform aus (Walras durch Keynes, Keynes durch Friedman, Friedman durch Hayek, die Neoklassik durch die Spieltheorie oder die Verhaltensökonomik), modifiziert sie ein wenig, bleibt aber in der ursprünglichen Haltung des Blicks nach außen durch die Brille eines *vorausgesetzten* Modells hängen.

Die Phänomenologie geht hier ganz anders vor. Sie entfaltet den »Anfängergeist« und blickt auf die Sache selbst – das Geld –, schiebt alle theoretischen Vorinterpretationen *zunächst* beiseite, macht sich dabei aber immer wieder den begleitenden Denkprozess bewusst. Dieses »Beiseiteschieben« – bei Husserl heißt es »Einklammerung«, »eidetische Reduktion« oder »epoché« – von Vorinterpretationen ist keineswegs einfach. Aus dem bereits Gesagten ergibt sich, dass sich im Denken und Handeln zugleich ein Subjekt ausbildet, das von allerlei (meist unbemerkten) Vorurteilen beherrscht wird, die als Denkgewohnheiten und mehr noch als eigenes Ich (vgl. »*Mein*-ung«) reproduziert werden. Die Reinigung von Vorurteilen ist deshalb eine unerlässliche Vorarbeit jeder phänomenologischen Forschung. In meinem Buch »Die Herrschaft des Geldes« nimmt aus diesem Grund der kritische Teil einen ebenso großen Umfang ein wie die positive Darstellung des Geldphänomens selbst. Man muss das Haus der Urteile erst leerräumen, ehe man es neu möblieren kann. Besser noch: Man tritt zunächst ins Offene, verlässt alle Behausungen der Begriffe, übt sich so in einem freien Blicken auf die Sachen selbst und pflegt ein Hören auf die Sprache.

Bei sozialen Phänomenen – und das Geld *ist* ein soziales Phänomen – befinden wir uns in einer besonderen Situation. Wir müssen das Geld nicht isolieren, in einem Labor chemisch analysieren, unter Mikroskopen oder in Teilchenbeschleunigern technisch verfügbar machen. *Jedermann* und *jede Frau*, aufgewachsen in einer Geldökonomie, in einer modernen kapitalistischen Wirtschaft, ist mit dem Gebrauch von Geld vertraut – ebenso, wie wir mit der menschlichen Sprache vertraut sind. Geld und Sprache sind in dieser Hinsicht analog: Es besteht keine Möglichkeit, uns einen *vorsprachlichen* Zustand vorzustellen und darüber zu *sprechen*. Das wäre eine *contradictio in adjecto*. Nun kann man zwar vorstellend über das Geld *sprechen*, ohne dabei zu kaufen oder zu verkaufen. Aber wir können nicht von unseren Erfahrungen, unserem impliziten Wissen um das Geld abstrahieren, können uns nicht zurückversetzen in eine geldlose Wirtschaftsform, um in und an ihr unser darin verwendetes Denken zu studieren. Wenn wir es versuchen, kommen die aus der Geldverwendung stammenden Denkformen, deren Herkunft kaum bewusst ist, immer wieder in die Quere. Mit dem Geld verbundene Kategorien sind zum Beispiel: abstrakte Zahl, Rechnung, Werte, Schuld, Preis, Eigentum, ein von der Gemeinschaft getrenntes Individuum (»Atom«) usw.

Irrwege der Geldtheorie

Wenn Ökonomen, was übrigens häufig geschieht, Dinge sagen wie: »Stellen wir uns eine Wirtschaft ohne Geld vor«, »betrachten wir eine Tauschgesellschaft ohne Geld«, »gehen wir von Robinson aus und konstruieren dann einen Markt mit vielen Robinsons«, dann tappen sie in die gleiche Falle wie Sprachtheoretiker beim Versuch, die Sprache aus einem vorsprachlichen Zustand *ableiten* zu wollen, denn »ableiten« heißt ja schon sprechen. Das, was wir mit dem Geld als selbstverständlichem Inhalt je schon voraussetzen, können wir nicht einfach tilgen. Wie die Sprache nicht individuell zu erklären ist, sondern in ihrer sozialen Verwendung eine – für Muttersprachler meist unbewusste – Grammatik bildet, die man im lebendigen Sprechen entdecken kann, wenn man die Achtsamkeit auf die eigene Sprachform umbiegt (*intentio obliqua*), so lassen sich auch beim Geld die impliziten Kategorien, also die unbewusst immer schon mitvollzogenen Denkformen phänomenologisch aufdecken. Wer dagegen ein *Modell* konstruiert, wie sich aus dem einfachen Tausch oder aus anderen Quellen Geld *entwickelt* habe, der weiß schon von vornherein, wohin sein Argument führen soll. Er setzt das Geld und die mit der Geldverwendung je schon mitvollzogenen Kategorien implizit voraus. Geld ist in der Denkform jedes Marktmodells schon enthalten, ohne darin *erkannt* zu sein, weil die das Geld charakterisierenden Kategorien unbewusst bleiben.

Ich drücke das etwas formaler aus: Wenn man von bestimmten Voraussetzungen (V) ausgeht, um daraus dann Geld (G) abzuleiten (), wenn man also einen theoretischen Weg sucht, der durch V → G das Geld erklären soll, dann muss man G schon kennen und beschreiben können. Ohne sich dessen bewusst zu sein, bewegt man sich also in einem Zirkel, der logisch folgende Gestalt hat: G → V → G. Die Voraussetzungen enthalten implizit, d. h. kategorial, bereits den Geldbegriff. Es ist nicht schwer, *viele* Wege zu konstruieren, die *als* Ableitung V → G gelten sollen. Davon legt die geldtheoretische Literatur reichlich Zeugnis ab. Es lassen sich, durch das Einfügen von Zwischenschritten, immer neue Erzählungen konstruieren, die – mathematisch präzisiert oder nur intuitiv verbal formuliert – einen Weg V → G beschreiben. Diesen konstruierten Wegen möchte ich hier nicht einen weiteren Irrweg hinzufügen.

Geld ist als Begriff und als bestimmende Kategorie in der menschlichen Gesellschaft ein *Novum*. Es ist nicht (weder logisch noch historisch) aus früheren Formen erklärbar, weil es Eigenschaften hat, die völlig *neu* sind. Das Neuartige kann man nicht aus Altem ableiten – ein übrigens auch in der Theorie der Kreativität oft gescheiterter Versuch. Wer einen Weg zur Erklärung einer Neuerung sucht, wer also den kreativen Prozess *erklären* will, der muss das Ziel schon kennen, sonst ist es nicht der Weg zu *diesem* Ziel – doch dann ist das Neue nicht mehr neu.

Dieses Problem zeigt sich auch für die historische Forschung: Um an bestimmten archäologischen Funden feststellen zu können, *dass* ein Fundstück Geld oder eine seiner Vorformen *ist*, muss man bereits über eine klare Vorstellung darüber verfügen, *was* Geld ist. Vielfach setzt man Münzen mit Geld gleich. Doch selbst dann ist es schwierig, bestimmte Vorformen von Münzen, so z. B. Pfeilspitzen für Opferspieße, Nachbildungen von Rinderhäuten aus Gold (*pecus* = Rind, daher *pecunia* = Geld) etc. *als* Geld zu interpretieren.

Archäologische Untersuchungen sind zweifellos hilfreich und sehr informativ; ich greife illustrativ auch gelegentlich darauf zurück. Sie helfen aber nicht, das Geld *als Geld* zu verstehen. Auch hier kann man aus bestimmten Fundstücken (F) auf vielen Wegen eine historische Spur F → G konstruieren. Man weiß schon, wohin z. B. Opferpfeilspitzen letztlich führen werden: zu den geprägten Münzen, schließlich zu Banknoten, die eingelegte Münzen verbriefen und endlich im reinen Papier- und Computergeld münden. Ist das nicht »offensichtlich«? Nein, denn ebenso kann man von den in Babylon etwa im 1500 v. u. Z. formulierten Gesetzen (erhalten im Codex Hammurabi, einer Steinsäule mit Angaben für Tauschverhältnisse von Waren und Dienstleistungen) eine Linie zum modernen, bloßen Rechengeld ziehen. Zudem gibt es viele andere Formen zu anderen Zeiten und auf anderen Kontinenten – wie Basaltstatuetten, Salz, Kaurimuscheln, gewebte Matten usw. –, die man als Geld deuten und von denen aus sich bis zum modernen Geld historische Linien F → G konstruieren lassen. So unterschiedliche Autoren wie Karl Marx und Carl Menger haben aus je unterschiedlichen Beispielen solche Linien skizziert und jeweils aus ihrer Warte, der Perspektive ihrer höchst unterschiedlichen Wertlehren, interpretiert.

Warum sehen wir hier überhaupt eine *Evolution* der Geldformen? Weil wir *uns selbst* als Resultat dieser historischen Entwicklung *interpretieren* und damit unser heutiges (durchaus unterschiedliches) Verständnis von Geld in die Vergangenheit projizieren. Archäologische Funde und historische Dokumente flüstern uns nicht *von sich aus* einen richtigen Geldbegriff zu, weshalb ein Streit um diesen Begriff sich nur in einen Streit um die Auslegung historischer Fakten verwandelt. Davon zeugen wiederum höchst unterschiedliche Historien des Geldes. Es gibt keinen Weg, sich denkend aus dem Geld loszulösen, um aus Voraussetzungen *ohne* Geld oder

Vorformen des Geldes das Geld wissenschaftlich abzuleiten. Man gerät immer wieder in logische Zirkel.

Ein weiteres Beispiel: Wenn man Geld aus einem mathematischen Marktmodell (wie dem von Léon Walras oder Gérard Debreu) ableiten möchte, so setzt man die Mathematik voraus. Erstens aber ist die Mathematik empirisch eine *abgeleitete* Form, die sich historisch zusammen mit dem Geldverkehr überhaupt erst entwickelt hat.[11] Zweitens unterstellt man dann die Existenz von Märkten *ohne* Geld[12], um anschließend auf eben diesen Märkten »Geld« abzuleiten – als *numéraire* (Walras), als evolutionär selektierte besondere Ware (Menger), als »Ersparnis von Transaktionskosten« (Brunner und Meltzer) oder rein logisch als Äquivalentform vieler Tauschprozesse (Marx). Es wird also das, was nur durch das Geld existieren kann (große Märkte und eine anerkannte Rechnungseinheit oder transitive Tauschrelationen[13]), bereits vorausgesetzt. Folglich leitet man Geld aus... Geld ab. Zudem setzen Transaktionskosten den Begriff der Kosten in einer Rechnungseinheit, also *wiederum* Geld, voraus. Derartige Zirkel der Erklärung gibt es zahlreiche.[14]

Ich erwähne noch einen letzten Irrweg, um abgrenzend zu klären, was eine Phänomenologie des Geldes *nicht* ist. Ein sehr verbreiteter Gedanke ist folgender: Das Geld erfüllt zahlreiche *Funktionen* in der Wirtschaft. Es ist Rechnungseinheit, Tauschmittel, rechtlich definiertes Zahlungsmittel, Wertaufbewahrungsmittel, es dient zur Überbrückung von Raum und Zeit, repräsentiert Werte in der Wirtschaft, ist ein Kommunikationsmedium, ein Zeichen usw. Das, was das Geld an Funktionen *erfüllt*, setzt man *voraus* und stellt dann die Frage: Welches Ding, welche soziale Institution könnte nun all diese Funktionen erfüllen? Und die Antwort wird dann – wie das sprichwörtliche Kaninchen aus dem Hut – schnell hervorgezaubert: Sie lautet »Geld«. Auch das ist ein Irrweg. Das Geld wurde nicht einfach »eingeführt«. Falls neues Geld in modernen Gesellschaften tatsächlich administrativ eingeführt wurde (z. B. bei einer Währungsreform), so führt man nur eine *besondere Form* des Geldes, nicht das Geld *überhaupt* ein. Wenn es Geld bereits gibt, dann können sich an der Geldverwendung allerlei Funktionen herauskristallisieren, oder man kann diese Funktionen an der praktischen Geldverwendung *entdecken*. Aber das Geld kann nicht zu diesem Zweck, *zur Erfüllung dieser Funktionen* erfunden worden sein, weil es diese Funktionen *ohne* das Geld gar nicht gab.

Was ergibt sich aus diesen Überlegungen? Geld ist ein *ursprüngliches* Phänomen für unser Nachdenken. Es ist nicht auf andere Phänomene reduzierbar oder aus ihnen ableitbar. Geld ist historisch und logisch ein *Novum*. Wir haben es lange schon verwendet, bevor wir darüber reflektierten – wie wir grammatikalisch korrekte Sätze vor jedem Studium der Grammatik sprechen. Unser Denken ist erfüllt von zahllosen mit dem Geld verbundenen Denkformen, ja, viele Menschen definieren sich als Subjekte in Relation zum Geld, wenn sie Wörter wie »Erfolg«, »Status«, »Wohlstand« oder »Freiheit« verwenden. Man kann weder die *Funktionen* von Geld noch dessen *Sein* ableiten. Wir müssen es voraussetzen wie die Existenz der Sprache, in der wir uns immer schon bewegen, wenn wir nachdenken, was eigentlich Sprache ist. So haben wir auch schon viele Male in Geld gerechnet, wenn wir nachdenken und zu erzählen versuchen, *was* Geld ist. Die Tatsache, dass wir immer schon mittendrin sind in einer Geldwirtschaft, ist aber *für das Erkennen* keine schlechte, sondern eine gute Nachricht. Wir kehren einfach unseren Blick phänomenologisch um (*intentio obliqua*) und untersuchen – uns an unseren alltäglichen Umgang mit Geld erinnernd –, was hierbei mit uns und unserem Denken geschieht. Dazu benötigen wir keine Experimente, keine Befragungen von Menschen, kein Panel, kein Labor. Um es im Geist aktueller Hochschulpolitik zu sagen: Die Phänomenologie des Geldes bedarf keiner »Drittmittel« und ist »kostengünstig«. Ordinarien der Volkswirtschaftslehre, die viele Forschungsmittel für Laboreinrichtungen zur Ökonometrie und zur Simulierung von Märkten vom Steuerzahler beanspruchen, hören das nicht sehr gerne. Sie folgern vermutlich: Was billig zu haben ist, kann nichts wert sein. Was indes ökonomisch billig ist – das phänomenologische Denken –, ist deshalb allerdings noch lange nicht leicht, vielleicht aber gefährlich. Peter Johnson sagte in einer Besprechung meines Buches »Die Herrschaft des Geldes«:

»Brodbeck's approach and conclusions will be unwelcome in universities and was certainly discouraged in my day. It crosses into other disciplines and threatens vested interests. It requires great effort from the man-in-the-street and impossible courage of the politician. (…) The implications are revolutionary for practical politics and economics alike.« [15]

Deshalb ist die »wissenschaftliche« Methode (science), die Theorie und Realität trennt, hier gerade verfehlt. Die Phänomenologie rückt das Bewusstsein wieder in den Mittelpunkt.

Geld als Denkform

Es gilt zunächst einen einfachen Satz denkend nachzuvollziehen und als richtig zu erkennen: *Geld ist eine Denkform.*[16] Darin liegt nicht nur die Vorstellung, dass Geld *auch* gedacht werden kann, sonst aber ein unabhängiges Ding draußen in der außerbewussten Realität ist. Ich möchte darüber hinausgehend zeigen, dass das, was wir mit dem Wort »existieren« bezeichnen – es *existiert* in einer Gesellschaft Geld –, dass also das *Sein des Geldes* nicht bei seiner Erkenntnis *nachträglich* ins Denken eintritt. Vielmehr *beruht* das Sein des Geldes auf seinem Gedachtsein. Das ist vorläufig natürlich nur eine *These*, um ein Ziel des nachfolgenden Denkweges zu benennen. Sehen wir also genauer zu und hören dabei auf unser Denken.

Dass wir alltäglich in Geld, mit ihm rechnen, dass wir dabei auch *denken*, steht zunächst außer Frage. Jeder kennt das Denken an Geld: »Ist noch genug auf meinem Konto?« – »Kann ich mir den Urlaub leisten?« – »Wo bekomme ich Laptops günstiger?« Doch trotz dieser Allgegenwart des Denkens an Geld ist unsere Einstellung zunächst nach außen gerichtet. Geld scheint »da draußen« präsent oder abwesend zu sein – in einer Geldbörse als Münze oder Schein, auf einem Girokonto als Zahl auf dem Kontoauszug, im Verbuchen von abgeleiteten Geldformen wie Wertpapieren, Wechseln, Gutscheinen, bei Hinweisen auf Preisschildern wie 2,99 € etc. All diese äußeren Formen von Geld sind aber *nur dann* funktionierendes, alltäglich verwendetes Geld, wenn wir diesen äußeren Dingen die *Bedeutung* »Geld« oder »Geldwert« tatsächlich zuschreiben – friedlich beim Einkauf oder begleitet von Drohungen bei Zwangsvollstreckungen durch Gerichtsvollzieher, der auf häusliche Gegenstände ein Pfandsiegel klebt. Ich verwende dieses letztere Beispiel, um nicht vergessen zu lassen, dass die mit dem Geld verbundenen Denkformen und Handlungsweisen keineswegs nur harmlose Operationen eines Buchhalters sind. Wir schreiben dem Geld nicht nur eine Bedeutung zu, wir bemerken darin auch eine große *Macht* über uns.

Betrachten wir zunächst das, was wir einem Stück Papier – die heute (noch) gebräuchliche Geldform (Euroscheine bestehen eigentlich aus stärkefreier Baumwolle ...) – an jeweils gewohnten Vorstellungen zuschreiben. Wenn wir in einem alten Buch einen Geldschein aus der Zeit der großen Inflation von 1923 mit der Aufschrift »Eine Million Reichsmark« finden, so verleitet diese Aufschrift niemand zu dem Versuch, mit diesem Geldschein einkaufen zu wollen. Das gilt auch für alte Goldmünzen: Um heute als *Geld* zu funktionieren, müssen wir sie *verkaufen,* also in geltendes Geld verwandeln. Gold und Silber, wie immer auch wertgeschätzt, sind nicht von sich her schon Geld. Dies, *Geld* zu sein, liegt also nicht an den äußeren, physischen Eigenschaften jener Dinge, die wir *als* Geld oder wenigstens als »ökonomisch wertvoll« bezeichnen. Wenn wir sagen: »Dieses Haus ist viel *wert*«, so denken wir an seinen Preis. Und ein Preis ist die Relation zwischen einem definierbaren, abgrenzbaren Ding und einer allgemein anerkannten Geldform.

Diese Vorüberlegungen verweisen also unmittelbar darauf, dass das Geld nur dann Geld *ist,* wenn diejenigen, die es verwenden, auch *glauben,* dass es sich um *Geld* handelt – und nicht um ein Stück aus Baumwollfasern, Metall oder ein Lichtmuster auf dem Bildschirm eines Computers. Das verrät einen einfachen, gleichwohl *zentralen* Sachverhalt über das Geld: Das Geld setzt in seiner Funktionsweise einen Denkprozess *voraus.* Nur durch eine bestimmte Interpretation der Menschen, die damit umgehen, *ist* das Geld auch wirklich »Geld«. Also besteht der nächste Schritt darin, uns selbst zu beobachten, *wie* wir mit dem Geld umgehen. Wir wollen uns selbst zusehen und beobachten, was dabei entdeckt werden kann. Anders gesagt: Wir suchen nach implizit mit unserem Denken und Handeln mitgegebenen *Bedeutungen*, denn ein Phänomen ist immer etwas, das eine bestimmte *Bedeutung* hat.

Die erste Beobachtung bei der Verwendung von Geld haben wir schon angesprochen: Wir erkennen eine äußere Erscheinung (Papier, Metallstück, Bildschirmausdruck) *als* Geld an. Das klingt auf den ersten Blick tautologisch. Doch sehen wir näher zu. Nur dadurch, dass wir ein bestimmtes Ding oder Phänomen *als* Geld anerkennen, ihm die *Bedeutung* Geld zuschreiben, verwenden wir es auch als Geld. Die *Anerkennung* erzeugt das Sein des Geldes *als* Geld. Doch worin zeigt sich dieses »Anerkennen«? Wir tun ja nichts bei der Geldverwendung, was sich als *getrennter* Akt, als *getrennter* Gedanke: »ich erkenne an« auslegen lässt.

Vergleichen wir andere Situationen, in denen etwas anerkannt wird. Wenn wir bei einem Vertrag einer bestimmten Aussage oder Formulierung zustimmen durch unsere Unterschrift, so ist die Anerkennung ein eigener, getrennter Akt: wir *unterschreiben*. Ebenso anerkennen wir bei einer Wahl durch die Abgabe eines Stimmzettels eine bestimmte Person oder Partei an. Und ein Staat wird von anderen Staaten durch formale Akte überhaupt erst *als* Staat anerkannt. Bei diesen Formen sind die jeweilige Sache und ihre Anerkennung *verschiedene* Handlungen. Die Anerkennung kommt zu der Sache nachträglich hinzu.

Doch bei der Geldverwendung gibt es keine *besondere* Handlung des Anerkennens. Worin liegt hier die Anerkennung? Die Antwort ist nur scheinbar trivial: In der Geldverwendung selbst. Indem wir das Geld *verwenden* – darin rechnen, kaufen und verkaufen, es horten oder sparen –, haben wir *uno actu* (im selben Akt) auch Geld *als* Geld anerkannt. Durch die Geldverwendung stimmen wir alltäglich darüber ab, *dass* wir das Geld auch praktisch anerkennen. In der Philosophie nennt man dies einen *performativen Akt*. Wir denken zwar bei einem Kauf nur an das gekaufte Produkt und rechnen mit dem Preis in Euro oder Dollar; unsere *Intentionalität* ist auf das Produkt und den Preis gerichtet. Doch *gleichzeitig* anerkennen wir damit auch das Geld *in seiner Geltung*. Wir sagen es nicht, wir *tun* es. Wir stimmen der sozialen Institution »Geld« einfach dadurch zu, dass wir tausendfach ganz selbstverständlich Geld benutzen und es dabei auch *wertschätzen*. Nicht zufällig haben »Gelten« und »Geld« auch etymologisch dieselbe Wortwurzel. Geld *ist* das, was als Geld *anerkannt* ist. Diese Anerkennung vollzieht sich alltäglich gleichsam als Nebenprodukt der Geldverwendung. Wir stimmen mit jedem Kauf, jeder Überweisung, jeder inneren Kalkulation in Geld der Tatsache zu, dass Geld verwendet werden *soll*. In der Geldverwendung steckt also *implizit* auch der ethische Wert des Anerkennens. Diese Einsicht wird sich noch als besonders wichtig erweisen, weil diese Anerkennung nicht einfach *ein Aspekt* am Geld ist, sondern vielmehr dessen *Wesen*. Geld *ist* nur Geld, weil es anerkannt wird *als* Geld. Wenn wir die Sonne als Sonne ignorieren, so werden wir am Strand dennoch einen Sonnenbrand bekommen. Das physische Sein der Sonne und die Wirkung ihrer Strahlen *beruhen* nicht auf ihrer Erkenntnis. Anders beim Geld. Würden alle das Geld ignorieren, so wäre es *als Geld* verschwunden.

Der bislang verwendete Begriff »Anerkennung« und damit Geltung des Geldes lässt sich noch genauer analysieren. Wie genau machen wir das, mit der Geldverwendung implizit die *Geltung des Geldes* anzuerkennen? Es liegt nicht an uns *als Individuen*. Es liegt nicht am *vereinzelten* Verhältnis zum Geld. Ob uns Geld viel oder wenig bedeutet, ob es für uns einen hohen oder niedrigen privaten Nutzen hat – all dies spielt für die Geltung keine Rolle. Es sind in der Geldverwendung gründende Vorstellungen und Begriffe, die das Geld als Geld immer schon voraussetzen. Geld mag nützlich sein; aber man kann nicht aus einer fiktiven Größe »Nutzen« das Geld ableiten – weder individuell noch kollektiv. Auch wenn jemand den oben erwähnten Eine-Million-Reichsmark-Schein aus einem alten Buch *privat* wertschätzen würde, er würde dennoch nicht als Geld *funktionieren*. Weshalb? Weil ihn *andere* nicht als Geld anerkennen. Das Anerkennen des Geldes als Geld in unserem alltäglichen Denken muss also, soll Geld auch wirklich Geld sein, *massenhaft* erfolgen. Alle Teilnehmenden an einer durch das Geld organisierten Wirtschaft müssen das Geld als Geld anerkennen. Geld muss *allgemein* gelten, das heißt, es muss *allen gemein* sein, dass sie Geld als Geld anerkennen.

Weil alle wissen und darauf zählen, dass alle anderen auch das Geld als das Geld anerkennen, *deshalb* erkennen alle Geld als Geld an.[17] Das ist ein rein zirkuläres Argument. Doch dieser Zirkel ist kein logischer Fehler, sondern eine soziale Wirklichkeit. Wenn man eine Wissenschaft vom Geld nach den Gesetzen der traditionellen Logik aufbaut – z. B. durch mathematische Modelle –, dann muss man immer von Voraussetzungen ausgehen, die *andere* sind als das, was man damit erklärt: Geld. Deshalb scheiterten alle bisherigen Geldtheorien, weil sie dieses völlig andersartige Phänomen der Geltung des Geldes durch die Anerkennung der Vielen nicht auf den Begriff bringen konnten.

Um nicht einfach etwas zu behaupten, sondern das, was wir täglich im Umgang mit Geld auch vollziehen, noch deutlicher ins Bewusstsein zu heben, dient ein Hinweis auf Phänomene, die einer ähnlichen Logik gehorchen. Der griechische Philosoph Heraklit und der indische Philosoph Nāgārjuna haben solche Denkfiguren bereits gekannt und jeweils sogar das gleiche Beispiel verwendet: »Dies, dass ein Vater ein *Vater* ist, beruht auf der Tatsache, dass er ein Kind hat. Umgekehrt aber gilt: Dies, dass ein Kind ein *Kind* ist, beruht darauf, dass es einen Vater hat.«[18] Das ist zirkulär: Das Kind macht den Vater zum Vater, der Vater das Kind zum Kind – allein durch die Tatsache der Geburt (analog natürlich die Mutter). Was *logisch* zirkulär klingt (»Teufelskreis«, *circulus vitiosus* = »schädlicher Kreis«), ist eine *soziale Wirklichkeit.* Wenn man also das Phänomen richtig erfassen will, muss man die Spielregeln der tradierten Logik verlassen (die Zirkelschlüsse verbietet) und einfach dem folgen, was sich zeigt.[19]

Hat man diese Denkfigur erst einmal durchschaut, dann findet man zahlreiche weitere Beispiele. Ich erwähne, ohne genaue Nachweise, zwei weitere: (1) David Hume, der schottische Philosoph und Freund von Adam Smith, sagt sinngemäß: Noch die despotischste (also keineswegs nur eine demokratische) Regierung beruht auf »Meinung« (*opinion*) und wird durch die Meinung der Bürger getragen. Wie ist das zu verstehen? Nur weil die Vielen eine Regierung *als* Regierung, einen Schreckensherrscher *als* Herrscher anerkennen, können diese regieren oder herrschen. (2) Diesen Gedanken hat die Philosophin Hannah Arendt vertieft und zwischen Macht und Gewalt unterschieden. Zwar kann man mit *Gewalt* Menschen unterdrücken, aber man hat dadurch noch keine *Macht* über Menschen; verschwindet die Gewalt, offenbart sich die Machtlosigkeit. Denn eigentliche Macht beruht immer auf der *Anerkennung* der Mächtigen durch die Untergebenen; sie müssen Regierende *als* mächtig anerkennen. Wenn niemand – auch kein Militär, keine Polizei – die Macht eines Führers anerkennt, dann ist er völlig machtlos. Durch bloße Gewalt ist eine Herrschaft nicht zu festigen. Wenn bei einer Revolution die Träger staatlicher Gewalt – Polizei, Militär – den Gehorsam verweigern und die Macht der alten Regierung nicht mehr anerkennen, dann wird diese Regierung *machtlos*. Macht ist also ein ähnlich zirkuläres Verhältnis, das wir beim Geld entdecken. Es gibt viele weitere Beispiele; die genannten mögen genügen, das Phänomen zu verdeutlichen: In der sozialen Welt ist das Sein, die Existenz von bestimmten Phänomenen, nicht von einem materiellen Träger abhängig, sondern von einem Prozess des Bewusstseins der Vielen, einem Prozess des Denkens.

Damit wird die Brisanz dieser Beobachtung für das Geld vielleicht deutlicher. Geld beruht auf der Anerkennung *der Vielen*. Es genügt nicht, dass einige ein Ding oder eine Funktion als Geld anerkennen; dies müssen *alle* Beteiligten in einer Geldökonomie tun. Wenn diese Anerkennung abbröckelt, schließlich schwindet, so führt dies stets zu einer Wirtschafts- und Währungskrise. Wir anerkennen das Geld als Geld, weil alle es tun. Und alle tun es – weil alle es tun. Die Substanz, um einen metaphysischen Ausdruck zu verwenden, des Geldes ist also eine soziale, kollektiv erzeugte und darin zirkuläre Illusion der Geltung. Nichts am physischen Geld (Papier, Gold, Computerzahl), nichts an einer materiellen Substanz verleiht dem Geld seine Geltung. Geld *hat* keine Substanz – außer dem allgemeinen *Vertrauen* in seine Geltung. Doch dieses Vertrauen ist kein Ding, sondern ein alltäglich vollzogener Denk- und Handlungsprozess. Nur im übertragenen Sinn kann man sagen:

»Vertrauen« ist die »Substanz« des Geldes. Der zweifache Apostoph deutet darauf, dass man diese Begriffe nicht im materiellen Sinn verstehen darf, sondern sie so zu deuten hat, wie das eben skizziert wurde.

Es gibt »da draussen« keine Entität »Gesellschaft«, nur Menschen. Und Menschen denken, handeln, sprechen und stellen so Gesellschaft täglich neu her.

Wert und Preis

Hier liegt auch das Geheimnis dessen, was mit einem in der Ökonomik und Philosophie vielfach diskutierten Begriff zusammenhängt: »Wert«. Ursprünglich stammen die Fragen der späteren Wert*philosophie* aus der Ökonomik. In der Wirtschaft tritt das Wertphänomen rein zutage. Wir sprechen einem Ding einen *Wert* zu. Was ist damit gemeint? Der Wert ist etwas, das dem physischen Ding oder einem inneren Gegenstand (auch ein Gedanke, eine Einsicht kann wertvoll genannt werden) nicht von sich her, sondern von woanders her zukommt. Das versteht man unter einem Werturteil. Wenn X irgendeine Sache ist und wir sagen: »X ist gut«, »X ist schön«, »X ist wertvoll«, so sind die Gutheit, die Schönheit und der Wert nichts, was sich an X äußerlich beobachten ließe. Es ist etwas, was im Verhältnis zum Bewusstsein hinzukommt, nicht X immanent ist.[20] Diese seltsame Trennung von äußerer Tatsache (Faktum) und Wert wurde sogar zu einem methodologischen Prinzip gemacht: Reine Wissenschaft sei nur deskriptiv, erklärend und auf Fakten bezogen. Wenn man Werturteile ausspricht, so fügt man etwas Anderes, Fremdes hinzu, das man gewöhnlich der Ethik, Ästhetik oder Religion zurechnet, nicht der Wissenschaft.

Es ist in der Wissenschaftsphilosophie eine heiße Debatte darüber entbrannt, ob man diese Trennung von Faktum und Wert tatsächlich durchhalten kann. Nur ein Hinweis: Wenn man eine »wertneutrale« Theorie zur Erklärung irgendeiner Tatsache verwendet, so muss man *erstens* aus mehreren Theorien eine auswählen – und das ist ein Werturteil. *Zweitens* muss man auch die Fakten erfassen, also auswählen, in einen bestimmten (z. B. statistischen) Rahmen einordnen, und eben dies setzt wiederum die Wahl eines Rahmens und damit bestimmte Auswahlkriterien voraus, also Werte. Der Versuch einer Trennung von Faktum und Wert lässt sich also nicht bruchlos durchführen. Man kann unschwer *offensichtlich überflüssige* Werturteile erkennen, und jeder ernsthafte Wissenschaftler wird sie vermeiden: Ob ein Autor dies oder jenes mag, für gut oder schlecht befindet, ist bei Biografien, gelegentlich auch in einem Vorwort am Platz, hat aber in wissenschaftlichen Untersuchungen keinen Ort. Man kann Max Weber sicher darin zustimmen, dass *politische* Wertungen in der reinen Wissenschaft nichts zu suchen haben. Wenn es sich aber um die Denkformen im engeren Sinn handelt, dann enthält schon jeder Begriff – einfach durch seine Verwendung und damit den Ausschluss anderer Begriffe – ein implizit ethisches Urteil.

Der Gedanke einer Trennung von Faktum und Wert ist gleichwohl nicht ohne Grund. Er erwächst aus dem Wertbegriff selbst, der sich wiederum der Geldverwendung verdankt. Wenn wir einem Ding, einer Sache einen *Geldwert* zusprechen, dann unterscheiden wir dieses Ding in seinen bestimmten Eigenschaften (1 kg Zucker; ein Auto; ein Rechtsgutachten) von seinem Wert. Am Zucker ist kein wirtschaftlicher Wert zu finden (auch wenn er für das Backen wiederum wertvoll sein mag). Der Wert entsteht durch die Beziehung zum Geld – ausgedrückt in einem Preis. Ein Preis hat die Dimension:

$$\frac{\text{GELDEINHEIT}}{\text{GÜTEREINHEIT}}$$

Im Preis beziehen wir also zwei heterogene Sphären aufeinander: die physische oder nur zur bewerteten Sache gehörige, und die Wertsphäre, die aus der Geldverwendung erwächst. Ein Preis, scheinbar ein triviales Ding, verbirgt also eine tiefe kategoriale Bedeutung:

1. Im Geld steckt eine *intersubjektive* Beziehung, wie wir unseren sozialen Austausch vollziehen.
2. Im bewerteten Gut verbirgt sich letztlich unsere Beziehung zur Natur, die in der menschlichen Produktion umgeformt und für menschliche Bedürfnisse zugänglich gemacht wird.

Diese beiden, an sich völlig verschiedenen Sphären, werden ganz alltäglich im wirtschaftlichen Bewerten, im Preis miteinander verflochten. Der Preis, die Bewertung in Geld, spricht also ein unaufhörliches Werturteil über Phänomene der Natur, auch über andere Menschen aus: Der Preis eines Menschen ist der Lohn. Etwas abstrakter ausgedrückt: Das Phänomen der Wertung, im Preis offenkundig, verbirgt die Relation zwischen der sozialen, intersubjektiven Sphäre und der Natur. Wenn ein Mensch einen Preis erhält, so wird er wie ein Stück Natur betrachtet: Er erfüllt eine bestimmte Funktion in der Produktion und wird dabei auf eine Stufe mit anderen Produktionsmitteln gestellt. Das ist das Geheimnis dessen, was die Ökonomen im Begriff »Substitution von Produktionsfaktoren« unbewusst aussprechen. Im Hinblick auf die Bewertung, die Gewinnerzielung sind Maschinen (z. B. Roboter), Menschen und Rohstoffe *gleichwertig*, substituierbar. Das Phänomen der *Wertung*, der Preisbildung entpuppt sich also bei einem phänomenologischen Blick ganz und gar nicht als eine harmlose Sache. Und sie ist sicher kein Vorgang, den man in mechanischen Modellen (wie Léon Walras) oder in einer geometrisch-topologischen Beschreibung (wie Gérard Debreu) erfassen könnte. Preise enthalten *notwendig* eine *soziale Dimension.*

In den Preisen verbergen sich für die Menschen sehr nachdrückliche Prägungen im alltäglichen Leben. Es macht eben einen großen Unterschied, ob man freundschaftlich, vielleicht auch streitend *mit Worten* verkehrt oder ob man Geld verwendet und sich in der Beziehung einer bestimmten Geldsumme auf ein Ding oder einen anderen Menschen rein sachlich verhält. Im Geld sind die Menschen einander verbunden, dies aber auf eine Weise, die ihre Verbindung *verdinglicht*. Wir behandeln uns *als* Käufer, Verkäufer, Kreditgeber etc., nicht wechselseitig als Individuen, nicht empathisch, sondern sachlich, nüchtern, nur auf einen Zweck – die Bewertung in Geld – bezogen. Keine Reform der Geldwirtschaft könnte diese innere Struktur der im Geld in jeder Form liegenden Wertung aufheben. Sie geht immer wieder neu daraus hervor.

Weil das Geld auf seine spezifische Weise notwendig eine *besondere (ökonomische) Wertung* enthält – einfach durch seine Verwendung –, tritt es zu *anderen* Werten, wenn es an dieser ökonomischen Wertung gehindert wird, notwendig in Wettbewerb. *Moralische* Werte von außerhalb der Geldwirtschaft stehen nur so lange nicht im Widerspruch zur Geldverwendung, wie sie sich nutzen lassen. Fleiß, Disziplin, Treue, Vertrauen, religiös motivierte Opferbereitschaft – dies sind Werte, die sich ökonomisch trefflich nutzen lassen und die der Geldbewertung nicht widersprechen. Man hat sie deshalb oft eng mit den Märkten in Verbindung gebracht. Doch Werte wie Mitmenschlichkeit, Einfühlung, Mitgefühl, Naturliebe, Achtung vor dem Leben, Gemeinsinn (sofern er sich nicht auf ein Team im Unternehmen beschränkt, sondern die ganze Gesellschaft oder den ganzen Planeten umfasst) sind Werte, die fallweise (nicht immer) der Wertung in Geld *widersprechen*. Der Ort der Geldverwendung – der *Markt* – ist deshalb auch ein Ort der

Wertekonkurrenz; um einen Begriff von Wilhelm Röpke zu verwenden: ein »Moralzehrer«. Die Geldökonomie, so lautet die ethische Schlussfolgerung aus der skizzierten Analyse, ist in der Geldverwendung, sofern sie zu ihrem Funktionieren einer moralischen Grundlage bedarf, auf Moralquellen von *außen* angewiesen.[21]

Bislang habe ich mich auf den Aspekt der Geltung, der Anerkennung und die darin liegende Wertung bei der Geldverwendung bezogen. Es konnte vielleicht deutlich werden, dass Geld ein *primär soziales*, damit *kollektives* Phänomen ist, auch ein Phänomen, das verglichen mit anderen Phänomenen auf eine neuartige Denkform und Logik verweist. Man kann das Geld nicht auf Faktoren zurückführen, die *Nicht-Geld* sind – wie Arbeitsleistungen, individueller Nutzen oder Recht und Gesetz. All diese Phänomene sind zwar immer wieder mit Geld verbunden gewesen, zeichnen aber nicht das Geld *als Geld* aus.

Geld mag jedem, der es verwendet, nützlich sein. Doch man kann daraus keinen abstrakten Begriff »Nutzen« ableiten, der *allgemein* gilt und *anerkannt* ist, bevor man Geld verwendet. Ebenso – Ricardo und Marx haben das versucht – kann man den Wert, wie er im Geld offenbar ist, nicht auf Arbeitsleistungen zurückführen. Marx hat hier den Unbegriff der »allgemeinen, gesellschaftlich notwendigen Durchschnittsarbeit« als Grund für die im Geld vorliegende abstrakte Einheit eingeführt. Dieses Wortungetüm verrät schon die Hilflosigkeit des Gedankens: Verschiedene Arbeitsarten sind – *verschieden*; das ist ja gerade der Witz an der Arbeits*teilung*. Es gibt keine Substanz »Arbeit«, die sich nur in vielen Formen manifestiert. Solch eine Vorstellung ist schlicht »falsche Metaphysik«[22]. Dieser Fehler wird nicht dadurch aufgehoben, dass man die leere Abstraktion »Arbeit« durch die Unterscheidung einfach / kompliziert in ein empirisches, zudem quantifiziertes Konkretum verwandelt: »Kompliziertere Arbeit gilt nur als potenzierte oder vielmehr multiplizierte einfache Arbeit, so daß ein kleineres Quantum komplizierter Arbeit gleich einem größeren Quantum einfacher Arbeit.«[23] Das ist absurd, ganz so, als könnte man die Arbeit eines Chirurgen oder Ingenieurs in einfache Fließbandarbeit »umrechnen«. Die im Geld vorliegende abstrakte Einheit ist eine völlig andere Dimension als alles, was bei verschiedenen Arbeitsarten je als Differenz erscheint. Ein Durchschnitt lässt sich bezüglich der Arbeiten ebenso wenig bilden wie für die vielfältigen Formen von Kapital (Maschinen, Gebäude, Infrastruktur), wie das neoklassische Ökonomen versucht haben und bis zur Gegenwart in ihren Modellen wiederholen. Arbeitsarten, verschiedene Kapitalgüter oder Bodenarten sind nicht reduktiv in eine Arbeits-, Kapital- oder Bodensubstanz aufzulösen.

In den neoklassischen Modellen der Ökonomik werden, trotz einer vielfältigen Kritik in den 1960er-Jahren (»Cambridge-Kontroverse in der Kapitaltheorie«), immer noch Formeln für die Produktion vom Typus: Y = F (A, K, B) verwendet, wobei Y = Bruttoproduktion, A = Arbeit, K = Kapital und B = Boden. Man operiert in Modellen mit diesen vier Begriffen, als seien es skalare Variablen (reelle Zahlen), maximiert und differenziert, als handle es sich um vier Natursubstanzen und deren mechanische Eigenschaften. Diese vier Scheinentitäten (Bruttoproduktion, Arbeit, Kapital, Boden) sind aber nicht einfach zählbare Aggregate, sondern durch das Geld vermittelte Bewertungen von höchst heterogenen Dingen und Tätigkeiten. Die soziale Dimension wird in diesen neoklassischen Modellen völlig eliminiert. Der Formelapparat erweist sich damit als implizite Ethik: Man behandelt die genannten vier Größen als bloße Zahlen gleich-gültig und maßt sich auf der Grundlage solch wissenschaftlichen Unfugs sogar politische Ratschläge an.[24]

Wenn also in der Unternehmensrechnung, im Controlling alle Arbeitsarten über einen Kamm – den der *Kosten* – geschert werden, so ist diese »Allgemeinheit« nur abhängig vom Bezug auf die Geldrechnung denkbar. *Durchschnittlich* ist daran nichts, wohl aber ist eine auffallende *Gleich-Gültigkeit* erkennbar. Jedes in Geld bewertete Ding oder Phänomen wird gleich-geltend behandelt. Wer in Geld rechnet, ist gleichgültig gegenüber dem Inhalt dessen, worauf sich die Rechnung bezieht. Wenn ein Roboter weniger kostet als fünf Arbeiter, dann werden die Arbeiter einfach entlassen und ein Roboter wird gekauft. Dass damit soziale Beziehungen ge- oder zerstört werden, ist für die Geldrechnung *gleichgültig*. Gleich-Geltung der Dinge im Geld konstituiert sozial eine Haltung der Gleich-Gültigkeit als subjektive Denkform. Man muss dann schon die Geldverwendung *von außen* in einen rechtlichen Rahmen einzwängen, um solche Ergebnisse abzufedern – was ja ursprünglich einmal eine Idee der *Sozialen* Marktwirtschaft war. Die Weltmarktkonkurrenz, die Globalisierung hat solche – vom Standpunkt des Geldes aus betrachtet – Hemmnisse für eine gleichmachende Kostenrechnung in vielen Ländern beseitigt und damit einmal mehr die innere Logik des Geldes offenbart.

Geldrechnung, Geldsubjekt und Marktzutrittsschranke

Die performative Anerkennung des Geldes und damit die alltägliche Herstellung seines *Wertes* und der Funktion des *Wertens* vollzieht sich - näher betrachtet - auf eine sehr spezifische Weise. Die Anerkennung ist ein Denkprozess, der wenigstens teilweise bewusst ist. Zwar ist die Aufmerksamkeit nicht auf die Anerkennung gerichtet, sie wird aber *uno actu* mitvollzogen in der Geldverwendung. Wie *genau* findet aber diese Geldverwendung statt? Was ist der dafür charakteristische Bewusstseinsprozess? Die Antwort ist einfach und auch jeder Person geläufig: In Geld und mit Geld wird *gerechnet*. Insofern ist es korrekt, wenn man in der Ökonomik davon spricht, dass das Geld die Funktion einer »Recheneinheit« erfüllt. Nur ist zu sagen: Diese Funktion gibt es nicht schon vorher, vor dem Rechnen in Geld. Vielmehr ist die Geldverwendung notwendig der Vollzug einer *Rechnung*. Es hat ohne Geld früher schon einfache Formen des Zählens und Rechnens gegeben; historische, archäologische Indizien dafür gibt es zahlreich. Erst durch die in der Geldverwendung vollzogene Abstraktion lässt sich aber das *Rechnen an sich*, das Rechnen in einer *abstrakten* Einheit beobachten oder aus antiken Denkformen rekonstruieren.

Das ist ein sehr geheimnisvoller Vorgang. Wir benutzen wie selbstverständlich die natürlichen oder reellen Zahlen, um damit alles Mögliche zu berechnen. Dabei verwenden wir als Voraussetzung aber stets eine abstrakte Einheit: die Einheit der Zahl, die *Eins*. Wir wissen zwar, dass drei dreimal eins ist. Aber was die Eins eigentlich *ist*, das wissen wir nicht.[25] Sie gilt als Konvention, als Gewohnheit, als Festlegung oder auch als platonische Idee. In der Mengenlehre sagt man, dass die Eins die Kardinalzahl aller Einsermengen, z. B. {1 Tisch, 1 Person, 1 Planet, 1 Atom usw.}, ist. Doch das ist offenkundig eine tautologische Definition. Zwar können wir die Einzigartigkeit eines Baumes oder eines Freundes unschwer erkennen. Aber dass unser Freund und der Baum Ausdruck *derselben* Einheit »1« sein sollen, das ist ein unvorstellbarer Gedanke. Auch historisch ist dieser Gedanke erst auf sehr charakteristische Weise entstanden. Das Nachdenken über »*das* Eine«, Gott als »*der* Eine«, die Auslegung der Welt als eine Emanation *des* Einen – solche Spekulationen kamen auf, als sich mit der Münze die Geldverwendung langsam ausbreitete. Das Geld ist *das Eine* für die vielen Waren und Modell für die Philosophie. Nur ein Beispiel: Heraklit führt im Fragment 90 alle Dinge auf die eine Weltsubstanz »Feuer« zurück und sagt: »Wechselweise Verwandlung von Allem (*panta*) in das Feuer und des Feuers in Alles, so wie der Waren in Geld und des Geldes in Waren.«[26] Im Geld erscheint eine Einheit, die von aller Vielheit abstrahiert. Als diese Einheit ist das Geld über und neben den vielen Dingen, die durch es bewertet werden. Das Eine ist somit auch das abstrakt Gute, ein »Gott« (Apollo = A-Pollo = der Nicht-Viele). Darin liegt zugleich der Grund aller Wertungen, die Quelle des abstrakt »Guten«. Für Plotin ist demgemäß das Eine stets zugleich das Gute. Der abstrakte Wert des Geldes erschafft sich unaufhörlich selbst durch die Ver-Einigung *der Vielen* in die Einheit *des Vielen.* Einheit und Wert sind gegenüber den Dingen und dem menschlichen Bewusstsein *transzendent,* weil die rechnende Vergesellschaftung in einer abstrakten Einheit alle Vielheit der Dinge und Menschen je schon überstiegen hat. In der metaphysischen Sprache Plotins kann man hier sagen: »Der Geist wird also nicht von seinem Urgrund, dem Einen selbst, erschaffen, sondern er erschafft sich selbst«.[27] Das im Geld offenbare, im Bewusstsein der Vielen reproduzierte rechnende Denken lässt sich weder auf einen transzendenten Grund noch auf ein transzendentales Ego zurückführen. Dieser Grund ist *in der und als* Gesellschaft die unaufhörliche Selbstoffenbarung der Einheit der und des Vielen, die nicht abgeleitet, nur phänomenologisch aufgedeckt werden kann.

Wenn man diese Einheit folglich *in den Dingen* sucht (in den Waren, der Vielheit äußerer Dinge, die bewertet werden: in der Gesellschaft, in der Natur oder im Geist eines Individuums), wird man sie nicht finden, wie man auch *das* Gute nicht in den Dingen findet noch im vereinzelten Denken. Das Geld ist die berechnende Einheit *des* Vielen dadurch, dass es die Einheit *der* Vielen vollzieht. Die Vergesellschaftung im Geld, die Vereinigung in einer leeren, abstrakten, Werte setzenden Einheit, ist als endloser Prozess auch der Grund, weshalb man weder Werte noch Zahlen in den Dingen bzw. im vereinzelten Ich-Bewusstsein entdecken kann. Das Herstellen der Einheit am Vielen durch die Vielen vollzieht sich als endlose *Rechnung und ein Bewerten (Preise setzend) in dieser Einheit.* Deshalb lässt sich eine Substanz des Geldes nicht entdecken, was immer man dafür auch behaupten mag. Das, was den Schein einer Substanz hervorbringt, ist kein Ding, sondern der Vollzug der Vergesellschaftung *der* Vielen in Bezug auf *das* Viele. Eine Einheit rechnend auf das Viele zu beziehen, ist *uno actu* die endlose Herstellung der Einheit.

Wenn man diesen Zusammenhang auf diese Weise *als Metaphysik* formuliert, klingt das eher geheimnisvoll, ist aber zugleich ganz alltäglich und nicht verborgen. Bei der Geldverwendung hantieren wir mit Münzen oder Scheinen; erst viel später direkt mit Rechnern (= Computern). Wir *tun* das Rechnen, in schlechtem Deutsch gesagt. Und tatsächlich kann man historisch vermuten, dass das Herstellen einer Beziehung zwischen Rechen*einheit* (den Münzen) und Waren zunächst ein bloßes Tun war. Wie man bei einfachen Zählformen einen *Vergleich* herstellt – z. B. fünf Äpfel auf fünf Finger bezieht –, so bezieht man Münzen auf Waren. Hierin steckt ein doppeltes Phänomen: Erstens müssen die Münzen (als Geld*einheiten*) aus gleichartigen Elementen bestehen, z. B. gleiches Gewicht besitzen beim gleichen Material; zweitens müssen die Waren, auf die man die Zahl der Münzen bezieht, *ihrerseits* gemessen oder gewogen werden. Im Preis, in der Herstellung der Wertrelation verbirgt sich also implizit ein Messvorgang. Das Rechnen in Geld, das Beziehen von Geld*einheiten* auf Waren*einheiten* ist ein ursprünglicher, elementarer Messvorgang. Zwar gibt es auch außerhalb der Geldwirtschaft Messvorgänge: Man misst eine Distanz durch Schritte (»Fuß«); die Länge eines Dings durch den Arm (»Elle«), das Gewicht einer Sache durch Vergleichsmaße (»Aufwiegen in Körpergewicht«, wovon Mythen erzählen). Doch hierbei ist charakteristisch, dass je nach beobachtetem Bereich die Maße verschieden sind. Es gibt ursprünglich keine Abstraktion »Zahlenwert«, sondern nur konkrete Maße durch Vergleich: Petra ist größer als Paula, aber leichter; hier wäre »Paula« die Maßeinheit für Petras Größe und Gewicht. Dass man alle Dinge in *einer* abstrakten Einheit misst – was in unserem alltäglichen Rechnen *selbstverständlich* scheint –, das verdankt sich einem anderen Phänomen, einem Phänomen, worin *alle Dinge* mit demselben Maß gemessen werden. Eben dies tun wir alltäglich in der Geldrechnung. Das Geld ist die Abstraktion einer Eins im Rechnen. Diese Abstraktion ist ebenso leer wie illusionär. Denn, wie sich gezeigt hat, die »Substanz« des Geldes ist der allgemeine Glaube an seinen Wert, der gerade erst diesen Wert zirkulär hervorbringt. Das Phänomen »Geld« offenbart also die Denkform einer leeren, abstrakten Einheit, der leeren »1« unserer Rechensysteme.

Es gibt neben der »1« noch eine zweite elementare, allerdings uneigentliche Zahl: Die Null. Auf den in Indien heute noch gebräuchlichen Rechenbrettern gab es eine leere Stelle, *sunya* genannt – ein Wort, das im Buddhismus als »Leerheit« (*śūnyatā*) eine große Bedeutung erlangt hat. Diese Leerstelle wurde zum Begriff für die Null, historisch von arabischen Kaufleuten in den Westen gebracht. Sie nannten die Null *asifr*, woraus sich unsere Begriffe »Ziffer«, »Zero« und »Chiffre« ableiten. Was ist eine Null? Eine Null ist der Platzhalter für den *Stellenwert* einer Zahl, also einer vielfachen Einheit. Die Null hat, anders als die Eins der Recheneinheit, keine reale, dingliche Entsprechung im kaufmännischen Alltag. An der Null wird erkennbar, dass das Rechnen mehr ist als nur ein Hantieren, ein Vertauschen von Waren und Münzen. Dieselbe Zahl, z. B. die »3«, erhält durch die Null einen höheren sozialen Stellenwert, einen höheren Rang: 30, 300, 3000 usw. Warum ist es möglich, dass ein »Nichts« wie die Null Werte vermehrt? Das ist phänomenologisch nur möglich, weil die Einheit (die Eins) aller Rechnungen selbst leer, nämlich eine soziale Illusion ist. Wenn man »Nichts« (= Null) als Zahl begreift und zu »Etwas« (= Ziffer) hinzufügt, dann bleibt der Zahlenwert unverändert (algebraisch z. B.: $3 + 0 = 3$). Die Null *vervielfältigt* also nur die in der Einheit der Rechnung gegebene soziale Illusion und räumt einer Ziffer einen höheren Rang in der Geltung ein.

Was sich hier mathematisch ausdrückt, hat sich in der Geldrechnung je schon mitvollzogen. Das Geld *offenbart* viele der in der Mathematik entdeckten Strukturen als soziale Institution. Das Verhältnis ist keines der Kausalität, sondern eines der inneren Verwandtschaft: Geld kann sich nur als Geldökonomie entfalten, wenn sich mit und an ihm rechnendes, mathematisches Denken vollzieht. Und das rechnende Denken entfaltet sich wiederum mit der Geldverwendung.[28] Wie im Geld je schon sein Anerkanntsein mitvollzogen ist, so ist mit seiner Verwendung auch das Rechnen je schon notwendig mitvollzogen. Wenn man das Tun des Rechnens in der sozialen Handlung vom in der Geldverwendung offenbaren Denkbewegung, dem Rechenvorgang, vorstellend trennt, so erscheinen die Objekte – die Zahlen – als Wesen ohne je eigene Bedeutung. Sie entfalten ihre Struktur nur in Relationen. Die innere Verwandtschaft mit dem Geld zeigt sich mathematisch in den undefinierbaren Größen der Einheit der Rechnung (der Eins) und der Null. Auch in der mathematischen Gleichung wird ein Gleichsetzen vorausgesetzt, dessen Sinn mathematisch leer bleibt, in der Geldform aber als *Gleich-Geltung* aller Dinge im Geld seinen Sinn offenbart. Die Zahlen können als reine Relationen ohne Inhalt gedacht werden, wie auch das Geld keinen physischen Inhalt hat, sondern eine kollektiv anerkannte Illusion bedeutet.

Ich breche diesen Exkurs, den Blick auf die mit der Geldrechnung gleichursprünglich konstituierte rechnende Denkform, hier ab.[29]

Was geschieht nun, wenn wir täglich Dinge auf die Geldeinheiten beziehen und ein Maßverhältnis herstellen oder voraussetzen[30], wenn wir also in Geld *rechnen*? Das Rechnen ist etwas, das sich in der Sprache vollzieht durch Zahlwörter, auf Papier durch Zahlen, die ursprünglich fast immer Buchstaben waren; Geld und Schrift haben vermutlich auch historisch denselben Ursprung.[31] Das Rechnen ist also ein *Teil* unserer Sprache und damit ein Teil der in der

Sprache jeweils hergestellten Formen unseres Zusammenlebens, unserer Vergesellschaftung. Wir können gemeinsam in der Sprache Handlungen planen, Befehle geben, Aussagen machen (auch lügen), Gebete sprechen usw. Diese Formen der Vergesellschaftung fasse ich, weil sie an der Sprache, dem Sprechen – griechisch *logos* – festzumachen sind, als Vernunftform im Begriff »Logos« zusammen. Das Wort »Vernunft« kommt von vernehmen; gemeint ist einfach, dass wir beim Nachdenken innerlich sprechen und uns zugleich dabei zuhören, unser inneres Sprechen also *vernehmen* = Vernunft. Der Geldverkehr bringt hier ein spezifisch neues Element in unsere Vernunft, das die Römer *ratio* (= kaufmännische Rechnung) nannten. Daraus wurde in der Moderne das Wort Ratio (= Rationalität) für Vernunft. Tatsächlich handelt es sich aber bei der Ratio um eine ganz andere Vernunftform als beim Logos.[32] Die Ratio ist ein abstraktes *Rechnen*, ein *berechnendes Denken*.

Darin können wir vieles wiedererkennen, was die Moderne charakterisiert. Das Geld ist von den physischen oder ideellen Waren als Wertsphäre getrennt. Als Einheit der Rechnung, als Eins, *verbirgt* die Geldrechnung jeden sozialen Zusammenhalt, der den Austausch zwischen Arbeits- und Bedürfnisteilung gleichwohl herstellt. In dieser rechnenden Ablösung vollzieht das Geld als Denkform zugleich eine Trennung von allen natürlichen Eigenschaften. Sich auf diese Rechnung zu stützen, rechnend zu denken und daraus seine *Subjektivität* zu begreifen, verwandelt das Selbst in ein von allen natürlichen und spezifisch menschlichen Eigenschaften getrenntes Wesen: Ein isoliertes Ego – jenes *ego cogito*, das René Descartes in seiner Philosophie beschrieben und damit die Grundlage der Moderne auf den Begriff gebracht hat. Der *Logos* verbindet; er ist am Gespräch der Gemeinschaft, am Diskurs orientiert und hat seine Wahrheit im Du und im Wir. Der rechnende Ort der Ratio bewegt sich dagegen in der Geld*einheit*, die sich von allem anderen trennt und sich auf Gegenstände nur aus und in der Rechen*einheit* bezieht. In Geld rechnend ist das Subjekt damit ein von allen anderen Menschen und der Natur getrenntes *Ego*, ein rationaler Egoist.

So wie wir bei Kauf und Verkauf, beim Kredit und in ökonomischen Bewertungen rechnen und damit in der menschlichen Gesellschaft unsere Beziehungen immer mehr über das Geld abwickeln, so hat sich auch *innerlich*, im Denken der Subjekte, immer mehr das rechnende Denken dem rein kommunikativ-sprachlichen Denken *überlagert*. Ich nenne diese Subjektform, die dominiert wird durch das aus der Geldverwendung herkommende rechnende Denken, das *Geldsubjekt*. Es ist das Subjekt der Moderne: nüchtern, rational, berechnend, egoistisch auf den eigenen Nutzen bedacht, im gegenseitigen Verkehr emotionslos und sachlich, jeder Metaphysik oder Religion gegenüber skeptisch. Kurz, ein *aufgeklärtes Subjekt*. Auch die innere Organisation des Menschen wird dadurch affiziert. Wer »rational« ist, der ist selbstbeherrscht, orientiert sich an nützlichen Handlungen, Gedanken und Dingen – kurz, er ist auch sich selbst gegenüber berechnend.[33]

Gegen diese Eroberung der Innenwelt durch die Zahl, die aus dem Geldverkehr stammt, rebellieren *natürlich* andere Formen des Inneren: die Leidenschaften, die Triebe, die Gefühle, das Unbewusste.

»Denn die Zahl ist eben die gänzlich ruhende, tote und gleichgültige Bestimmtheit, an welcher alle Bewegung und Beziehung erloschen ist und welche die Brücke zu dem Lebendigen der Triebe, der Lebensart und dem sonstigen sinnlichen Dasein abgebrochen hat.«[34]

Die Innenwelt lässt sich aber nicht so einfach unterordnen unter die berechnende Logik der Ratio. Die Anpassung an die Geldökonomie, in der Erziehung vollzogen, ist nicht einfach ein aufklärender, sondern auch ein disziplinierender Akt, der die Subsumtion der Gesellschaft unter die Geldrechnung *in* den Menschen herstellt. Es zeigt sich *im Innern der Menschen der Moderne*, in ihrer Psyche, die gleiche Struktur wie in der Gesellschaft: Auch gegen den Versuch einer völligen Verdinglichung der Menschen in der Arbeit, ihrer Unterjochung, Ausbeutung und Funktionalisierung erhob und erhebt sich Widerstand. Was äußerlich in der Arbeiterbewegung, in sozialen Aufständen als Widerstand gegen die Herrschaft der Geldrechnung in Unternehmen und in der Gesellschaft erkennbar wird, dem entspricht innerlich das, was in der Psychoanalyse von Freud als Gegensatz zwischen Ich und Über-Ich beschrieben wird. Über unsere Triebe herrscht eine soziale Norm. Sigmund Freud brachte dies mit der traditionellen Familienstruktur in Beziehung: Der Vater, der das Geld verdient, herrscht auch in der Familie. Wir können seinen Gedanken aber unschwer an uns selbst bei der Geldverwendung beobachten: Wir *subsumieren* viele unserer Leidenschaften, Hoffnungen, Wünsche dem wirtschaftlich »Notwendigen«; wir suchen in einer Geldökonomie primär … das Geldeinkommen.

Hier kommt ein zweites Moment hinzu. Das Geld ist nicht nur abstrakte Einheit einer *Rechnung*. Geld wird immer wieder ausgegeben; nur in seiner Bewegung liegt seine Funktion.

»Geld ist eine Sache, deren Gebrauch nur dadurch möglich ist, daß man sie *veräußert*.«[35]

Dieses Phänomen möchte ich noch etwas genauer betrachten. Die Anerkennung der Rechnungseinheit, das Rechnen in Geld sind grundlegende, keineswegs aber erschöpfende Eigenschaften, die bei der Geldverwendung zu beobachten sind. Blicken wir auf einen einfachen Kauf- oder Verkaufsakt. Es treten sich – idealisiert gesprochen – zwei Menschen gegenüber mit je einer Ware und mit einer bestimmten Geldsumme. In diesem Kaufakt begegnen sich die Menschen allerdings auf sehr spezifische Weise. Es wurde schon deutlich, dass man sich zueinander *berechnend* verhält und auch vom je anderen erwartet, dass er »berechenbar« ist. Das Schlagwort der Aufklärung für diese berechnende Haltung im Unterschied zu menschlichen Leidenschaften war das *Interesse*.[36] Zwar ist ein Kaufakt eingebettet in andere soziale Beziehungen. Es begegnen sich zwei *Menschen*, sie sprechen miteinander, hegen vielleicht zueinander außerhalb des Kaufakts bestimmte Gefühle (Sympathie, Abneigung, Gleichgültigkeit). Doch all diese Momente sind für die Geldverwendung nicht entscheidend. Ein freundliches Auftreten der Verkäufer mag den Verkaufserfolg begünstigen. Der Kaufakt selbst hängt aber nicht von dieser Freundlichkeit ab, sondern besitzt seine ganz eigene Struktur, gleichgültig, unter welchen psychologisch zu beschreibenden Umständen er zustande kam. Beim Kaufakt müssen sich beide Partner wechselseitig auf *ganz bestimm-*

te Weise anerkennen. Sie anerkennen, dass der je andere im Besitz einer Ware oder von Geld ist. Kurz: Sie anerkennen sich wechselseitig als *Eigentümer*. Eigentum ist ein von den je anderen anerkannter Besitz. Rechtliche Regelungen gründen darauf, bringen aber diese Anerkennung nicht hervor. Allerdings kann das Eigentumsrecht durch eine übergeordnete staatliche Gewalt *geschützt* werden. Genau das geschieht, ist allerdings im alltäglichen Geldverkehr *selbstverständlich* geworden. Wir anerkennen beim Kaufakt den anderen jeweils als Eigentümer, und wir anerkennen damit auch alle Institutionen, die das Eigentum schützen (durch Recht, staatliche Exekutive, Gerichte). Mit jedem Kaufakt stimmen wir nicht nur zu, *dass* wir das Geld als Rechnungseinheit, als Form des ökonomischen Verkehrs anerkennen. Gleichzeitig stimmen wir auch über das Gelten des Eigentumsrechts ab, das für die vielen Kaufakte und die Geldverwendung vorausgesetzt ist.

Hier ist allerdings etwas Merkwürdiges zu beobachten. Kauf und Verkauf bestehen gerade darin, dass durch die Geldverwendung ein *Wechsel* des Eigentums stattfindet: Der Käufer möchte Eigentümer der Ware, der Verkäufer Eigentümer von Geld *werden*. Die Geldverwendung, der Markt, ist ein unaufhörlicher Prozess des Eigentumswechsels. Da die Übergabe der Waren und die Zahlung zeitlich auseinanderfallen können, lässt sich noch mehr beobachten. Wer eine Ware erhält, ohne sofort zu bezahlen, der geht ein *Schuldverhältnis* ein. Ein Schuldverhältnis wird wieder aufgelöst durch die *Zahlung*. Wenn man deshalb das Geld auch als *Zahlungsmittel* beschreibt, dann meint man damit eine die Schuld wieder aufhebende Funktion. Meist sind die alltäglichen Schuldverhältnisse nur sehr kurzfristig – z. B. nur für die Dauer des Weges mit dem Einkaufswagen vom Regal bis zur Ladenkasse. Gleichwohl: Schuldverhältnisse gehören *untrennbar* zur Geldverwendung, zum *Begriff des Geldes*, wie er hier durch eine phänomenologische Analyse aufgedeckt wird.

Es gibt einige Geldtheoretiker - populär ist in jüngerer Zeit vor allem David Graeber (2011), der Ansätze seines Lehrers Michael Hudson (2002) vertieft hat, die auch Stephen Zarlenga (2002) übernommen hatte –, die die Schuldverhältnisse als ursprünglich betrachten und versuchen, aus Schuldverhältnissen das Geld abzuleiten. Bernhard Laum (1924) hatte gezeigt, dass tatsächlich historisch eine Vorform der Münze im Opferkult als Sühnegabe zu suchen ist; Richard Seaford (2004) untersucht das anhand von Pfeilspitzen für Bratspieße bei Opfergaben, Vorformen der Münzen. »Die Opfer sind im Gelde geronnen«, vermutet auch Bruno Liebrucks.[37] Der historische Zusammenhang, den Laum »Heiliges Geld« nannte, ist unbestritten. In dieser Schuld-Theorie des Geldes wird aber übersehen, dass Schuldverhältnisse unaufhörlich aus dem Kauf und Verkauf entstehen und so zum Geldbegriff selbst gehören, daher aus diesem phänomenologisch zu erschließen sind. Falls man frühere historische Formen »Schuldverhältnisse« vor dem Geldverkehr nennt, so haben diese einen völlig anderen Sinn und können damit die Bedeutung des Geldes als Geld nicht erklären. Sind es aber monetäre Schuldformen, so setzen sie den Begriff des Geldes zirkulär voraus und können ihn wiederum nicht erklären. Es ist umgekehrt: Nur wenn man die im Geldverkehr entstehenden Schuldverhältnisse verstanden hat, kann man Vorformen historisch identifizieren. Hudson, Graeber und Zarlenga betonen, das Neue an ihren Schuld-Theorien sei vor allem die Einsicht, dass das Geld nicht aus dem Tausch entstanden sein kann, wie Adam Smith glaubte. Doch diese richtige Einsicht ist wiederum nicht neu.[38]

Durch verschiedene Geldformen können diese Schuldverhältnisse allerdings auch zeitlich weit auseinanderfallen. Die immer noch gebräuchliche Geldform – das Giralgeld durch ein Konto auf einer Bank – erlaubt (in Grenzen) kurzfristige Schuldverhältnisse auszudehnen. Das ist der *Kredit*. Wer vorläufig auf eine Zahlung verzichtet und einen Zahlungsaufschub gewährt, der gewährt einen Kredit.

All dies – normierte Eigentumsrechte, Schuldverhältnisse, Kredit – wird alltäglich immer wieder neu reproduziert, und die gesellschaftlichen Institutionen, die dies organisieren, werden immer wieder bestätigt. Wer kauft oder verkauft, der vollzieht performativ immer wieder einen Akt der Zustimmung zu all den die Geldverwendung umgebenden gesellschaftlichen Formen. Und diese Formen hängen unmittelbar selbst an der Geldverwendung. Sie kommen nicht von außen hinzu. Eben dadurch *vollzieht* sich die Vergesellschaftung in einer Geldökonomie: Verschulden und das Auflösen der Verschuldung – dadurch, dass man für die Schuld »bezahlt« oder »büßen« muss –, das ist auch in den dem ökonomischen Alltag entfremdeten moralischen oder religiösen Formen in seinem Kern eine der vielen Formen, die Gesellschaft zu reproduzieren. Nur so kann das Geld als permanenter Prozess die Vergesellschaftung vollziehen. Dass man gehalten ist, Schulden stets zu begleichen, diese aus dem Geld abgeleitete Moral wurde vielfach abstrahiert und findet in Religionen zahlreiche Ausdrucksformen. Entfernt sich der Schuldbegriff allerdings aus dem unmittelbaren Geldverkehr, dem Rechnen in einer abstrakten Einheit, so wird die Leerheit des daraus abgeleiteten Schuldbegriffs erkennbar. Dass man für eine geleistete Arbeit einen Lohn schuldet, ist uns als Konvention unmittelbar einsichtig – mochte sie einem Sklavenhalter

Geld ist als Begriff und als bestimmende Kategorie in der menschlichen Gesellschaft ein Novum. Es ist nicht (weder logisch noch historisch) aus früheren Formen erklärbar, weil es Eigenschaften hat, die völlig neu sind.

auch nicht einleuchten. Eine Schuld dagegen, die man einem wie immer definierten Verhalten zurechnet, ist ohne *inneren* Grund. In jüngerer Zeit hat man diese abstrakten Verschuldungsformen, die ideologisch oder moralisch inflationiert wurden, beinahe zahllos vervielfältigt - auch ohne den Rahmen einer Religion. An ihre Stelle ist vielfach »die Wissenschaft« als ideologische Form getreten, wie immer auch ihre Aussagen partielle Berechtigung finden (bei ökologischen oder sozialen Fragen). »Schuld« lässt sich auf vielfältige Weise als »Sünde« konstruieren. Nicht nur die »heiligen Texte« der Menschheit sind voll davon. Die Norm, Chaos in der Gesellschaft zu vermeiden, wurde zu einer göttlichen Gesetzgebung mit Gericht und Strafe oder - im asiatischen Dialekt - zum Karmagesetz, bei dem man »Schuld« und »Kausalität« untrennbar amalgamiert hat. Die aus dem Geldverkehr unmittelbar erwachsende »Schuld« hat dagegen als rationellen Inhalt stets nur dies, durch die Geldverwendung weiter an der Gesellschaft teilhaben zu können. Dieses an vielen religiösen, moralischen oder politischen Formen zu entdeckende Konzept der Verschuldung und der Sühne für Schulden bedarf indes einer eigenen Untersuchung, die ich im vorliegend begrenzten Rahmen nicht entfalten kann. Die gegebenen Hinweise müssen als erste Skizze genügen.

Im Kaufen und Verkaufen gehen wir also unentwegt (wie kurzfristig auch immer) *Schuldverhältnisse* ein, handeln indirekt mit Eigentumsrechten und anerkennen in all dem das Gelten des Geldes als jenes Medium, das unsere Handlungen *ökonomisch* miteinander verbindet, unsere gegenseitige Abhängigkeit als einen endlosen Prozess vermittelt. Diese *innere Dynamik* der Geldökonomie wirbelt die Eigentums- und Schuldverhältnisse durcheinander, weil jeder Kaufakt zugleich ein Verlust von Geld und ein Gewinn von

Produkten (Waren, Dienstleistungen) ist – während umgekehrt der Verkäufer seiner Waren verlustig geht; worüber er aber nicht traurig ist, weil er die Produkte ja für den Verkauf produziert oder eingekauft hat. Das auffallende Phänomen hierbei ist also, dass die Geldverwendung unaufhörlich eine *Geldlosigkeit* hervorbringt. Man kann Geld nur *verwenden*, wenn man es ausgibt. Und wer Geld ausgibt, hat hinterher trivialerweise *weniger* Geld oder gar keines mehr, wie ein Taglöhner nach seinem täglichen Einkauf.

Was wie eine Trivialität klingt, ist in Wahrheit ein bedenkenswertes Phänomen: Wir alle können *und dürfen* (rechtlich legal) nur auf den Märkten mitspielen, wenn wir zu diesem Spiel eine *Eintrittskarte* besitzen: das Geld. Die Metapher des Spiels wird gerne von Ökonomen verwendet; doch sie vergessen dabei regelmäßig genau diesen Aspekt. Die Geldverwendung *vergesellschaftet* die Menschen, bindet die Arbeits- und Bedürfnisteilung auf eine sehr spezifische – monetäre – Weise zusammen, vermittelt höchst unterschiedliche Lebens- und Erfahrungswelten der Produktion und des Konsums. Doch diese *Innenwelt* der Vermittlung, die Teilnahme an der Geldökonomie, an den Märkten setzt immer schon voraus, über Geld als Eigentümer zu verfügen.

Wie gelangt man – rechtens – an Geld? Für die große Masse der Marktteilnehmer gilt: Nur durch den Verkauf eines Produkts, einer Ware. Man muss also stets symmetrisch einen Käufer für seine Ware finden, um an einer Geldökonomie teilnehmen zu können. Der großen Mehrzahl der Menschen auf unserem Planeten, der vom Geld regiert wird, gelingt dies nur durch den Verkauf einer *Dienstleistung* oder der *Arbeitskraft*. Was ist der Unterschied? Eine Dienstleistung ist, wie der Name sagt, eine ganz bestimmte zu erbringende Leistung (Putzen, ein Lieferservice, eine Zahnbehandlung, eine Beratung usw.). Wer sie selbständig erbringt, gilt als Unternehmer. Es wird nur die vordefinierte Leistung gekauft. Wer seine Arbeitskraft verkauft, der überlässt die spezifische Nutzung dem Käufer. Das Unternehmen definiert, welche Leistung zu erbringen ist: den Inhalt der Tätigkeit und den zeitlichen Rahmen. In Differenz zur Sklaverei geht aber nur die erbrachte Leistung, nicht die arbeitende Person in das Eigentum dessen über, der den Lohn für die Arbeitskraft bezahlt. Die Freiheit, die eigene Arbeitskraft an andere Unternehmen verkaufen zu können, bleibt im Prinzip gewahrt. Diese Freiheit wird allerdings dann zur ideologischen Phrase, wenn bei hoher Arbeitslosigkeit gar keine Alternativen bestehen oder in Krisen und bei Unterentwicklung überhaupt keine Jobs angeboten werden, die Marktzutrittsschranke also unerbittlich vom »Reichtum der Nationen« ausschließt.

Andere erzeugen Produkte – vom Einzelunternehmer bis zu großen, globalen Konzernen – und suchen dafür auf den Märkten Käufer. Man erhält also nur Zutritt zum Markt, wenn man *entweder* unmittelbar bereits über Geld verfügt oder jemand auf dem Markt findet, der Geld für eine angebotene Ware oder Dienstleistung (z. B. die Arbeitskraft) bezahlt. Die *eigentliche* Hürde hierbei ist immer der Geldbesitz. Wer keinen Käufer für sein Angebot findet, der steht ohne Geld da. Ihm wird der Marktzutritt verweigert. Geld ist keineswegs nur ein klug erdachtes Mittel, in dem wir unsere Leistungen und Bedürfnisse aneinander rechnen. *Geld ist eine Marktzutrittsschranke*. In der Gegenwart wird diese Marktzutrittsschranke in einem Teilsystem der Wirtschaft, bei Banken, Finanzmärkten und vom Staat unmittelbar alimentierten Gruppen allerdings vielfach aufgehoben bzw. je anderen – den gegen Lohn Arbeitenden und (doch eher kleinen) Unternehmen – im Steuer- oder Abgabenzwang fühlbar.

Für einen wachsenden Teil der Geldökonomien ist deshalb zu ergänzen: Der Staat tritt als Handlungssubjekt indirekt auf den Märkten auf, sofern er Steuern erhebt, über Zentralbanken selbst Geld schöpft oder Kredite (z. B. durch Staatspapiere) aufnimmt und aus diesen Geldmitteln Käufe tätigt oder ganze Bevölkerungsgruppen bezahlt. Die Marktzutrittsschranke wird hier zu einem Instrument staatlicher Interessenpolitik, auch wenn man in der ursprünglichen Idee der Sozialen Marktwirtschaft darin einmal einen reformierten Kapitalismus zu erblicken glaubte. Wie alle staatlichen Institutionen wurden auch die Sozialsysteme vielfach zum Opfer anderweitiger Geldinteressen – z. B. in der Altersvorsorge oder der Krankenversicherung durch Investmentgesellschaften und Hedgefonds. Steuern sind nicht bloß passive Instrumente zur Abschöpfung von bereits zirkulierenden Geldmitteln bei der Finanzierung von Staatszielen; sie wurden bereits früh zu einem Instrument der globalen Steuerung. Die Einführung monetärer Steuern in Ablösung von Naturalsteuern dienten dazu, vorwiegend agrarische Gesellschaften durch die Notwendigkeit des Gelderwerbs historisch in Geldökonomien zu transformieren. Es war die staatliche Implementierung der monetären Marktzutrittsschranke, die der Durchsetzung von Geldökonomien schon an deren Beginn den Stempel eines Zwangs, einer Herrschaft aufprägte.

Diese wachsende Vergesellschaftung der Geldverwendung durch staatliche oder globale Institutionen, gepaart mit neuen elektronischen Geldformen, bedarf indes einer eigenen Untersuchung. Sie setzt zwar die Phänomenologie des Geldes voraus, lässt aber teils völlig neue Aspekte erkennen, die ihrerseits einer ausführlichen phänomenologischen Untersuchung bedürften – was ich hier nicht leisten kann.[39] Zu beachten ist: Zentralbanken können Geld nur schaffen (*fiat money*), sofern Geld als Geld bereits anerkannt wird; sie bilden eine Geldquelle teils *ohne Gegenleistung*, direkt für den Staat, oder durch Zinspolitik auf dem Kreditweg für das Banksystem. Diese Möglichkeit *beruht* auf dem Monopol der Geldausgabe. Der Kredit hat allerdings bereits seit alter Zeit die Marktzutrittsschranke scheinbar vorübergehend außer Kraft gesetzt und tut dies im modernen Alltag weiter als überzogenes Girokonto, Bankkredit, Hypothek, Anleihe usw. Diesem Phänomen möchte ich mich nun näher zuwenden.

Der Kredit und die Fiktion einer Geldmenge

Aus der beschriebenen alltäglichen Dynamik der Geldverwendung ergibt sich für die beteiligten Geldsubjekte eine grundlegende, für Geldökonomien charakteristische Motivation: *Das Streben nach Geld*. Geld als Ding, als Rechnungseinheit hat keinen Nutzen. Wir benötigen Geld zur Marktteilnahme. Aus der endlosen Vergänglichkeit des Geldbesitzes durch die Anwendung von Geld (wir geben es aus) erwächst ebenso endlos das erneute *Streben nach Geld*. Das Streben nach Geld ist nur die Kehrseite der Dynamik in der Geldverwendung, nicht etwas, das äußerlich hinzukommt. Es gehört notwendig zur Geldverwendung selbst.

Diese aus der Tatsache, dass Geld eine Marktzutrittsschranke ist, alltäglich neu erwachsende Motivation des Strebens nach Geld differenziert sich allerdings wiederum in viele Formen, die ihrerseits auch aus dem Geldverkehr erwachsen. Die größte Sicherheit, tatsächlich jederzeit Marktzutritt zu erlangen, ist ein hoher Geldbesitz. Der Geizhals aber, der aus Angst, sein Geld zu verlieren, das Geld *hortet*, fällt aus dem Geldverkehr, dem Kreislauf aus Waren und Geld heraus. Er entzieht den Märkten das Geld. Zwar ist sein Motiv letztlich auch aus dem Geldverkehr hervorgegangen, doch er versucht den Verlust von Geld beim Einkaufen dadurch zu vermeiden, dass er die Marktteilnahme verweigert und gleichsam auf einem wachsenden Geldbesitz sitzend »hungert«. Keynes nannte die Neigung, Geld zu horten, *Liquiditätspräferenz*. Das Motiv ist die Angst vor der Zukunft, d. h. die Angst, künftig aus Geldmangel keinen Zutritt zu den Märkten zu erhalten, die beständige Sorge, auch künftig zahlungsfähig zu bleiben. Letztlich sind Geldhorte also das Resultat der Motivation der Angst, die wiederum aus der Tatsache hervorgeht, dass Geld eine Marktzutrittsschranke ist. Das massenhafte Horten von Geld hebt die Funktion der Märkte partiell auf. Es wird dadurch schwieriger, Käufer zu finden, wodurch die Marktzutrittsschranke eine tendenziell stärker beschränkende Wirkung entfaltet. Das Bilden von Geldhorten lässt sich unschwer als ein Grund für Wirtschaftskrisen erkennen. Silvio Gesell hat – unabhängig von und vor Keynes (der sich gleichwohl später auf Gesell bezogen hat) – diesen Aspekt besonders betont und eine heute immer noch diskutierte Lösung vorgeschlagen, wie man das Horten von Geld vermeiden kann. Im Kern beruht seine Idee darauf, das Horten mit einer Gebühr zu belasten (»Schwundgeld«). Ich möchte auf diese Idee hier nicht eingehen und erwähne sie nur aufgrund ihrer Popularität bei »alternativen« Geldtheoretikern, um an den phänomenologisch ausweisbaren Kern von Gesells Überlegung zu erinnern. Es geht mir hier nicht um Geldreform, sondern um Geld*erkenntnis*.

Das Horten von Geld aus Angst ist gleichsam das pervertierte Streben nach Geldbesitz, wie es aus dem Geldverkehr alltäglich immer wieder neu hervorgeht. Das einfache Streben nach Geld, um Marktzutritt zu erhalten, ist allerdings noch keine pervertierte Geldgier. Um die Geldgier zu verstehen, müssen wir nochmals auf die bei der Geld*verwendung* entstehenden Schuldverhältnisse blicken. Aristoteles hat das in der *Nikomachischen Ethik* (5. Buch) und im ersten Buch der *Politik* analysiert. Später griff Karl Marx diese Gedanken auf und hat sie in eine formale Sprache übersetzt, die sich als hilfreich für das Verständnis erweist.[40] Was hat Aristoteles – übersetzt in die Formelsprache von Marx – bei der Geldverwendung beobachtet? Man kann in Geldökonomien drei Formen unterscheiden, die *implizit* in jedem Kaufakt enthalten sind. In den von Marx eingeführten Symbolen W für Waren, G für Geld (W' und G' bezeichnen jeweils andere Warenqualitäten oder Geldquantitäten). Sie lauten:

W-G-W' (Verkauf und Kauf)
G-W-G' (kaufmännischer Handel)
G-G' (Wucher, Kredit und Zins)

Marx fügt als erste die Form W-W' (einfacher Tausch ohne Geld) hinzu, die auch Aristoteles erwähnt. Doch diese Form ist kein spezifisches Phänomen, das *Geldökonomien* charakterisiert. Falls es in einer Geldökonomie noch zu naturalem Tausch kommt, so findet dieser getrennt von monetären Prozessen statt. Die These, dass sich historisch aus der Form W-W' das Geld entwickelt habe – Marx vertritt sie ebenso wie Menger –, hat sich bereits oben im Text als undenkbar erwiesen. Waren sind charakterisiert durch bestimmte Maßeinheiten (Meter, Gewicht, Flüssigkeitsmenge etc.), die sich nur symmetrisch zur Geldverwendung entwickelt haben. Reine Tauschverhältnisse verbleiben bei qualitativ zu verstehenden Eigenschaften. Wenn Quantitäten auftauchen, so sind es jeweils spezifische und nur für bestimmte Produkte Maßeinheiten (z.B. Anzahl von Schafen gegen Schmuck etc.). Der Begriff »Ware« (W) enthält zudem bereits die Geldverwendung, denn Waren haben Preise. Natural getauscht werden Produkte oder Güter, keine Waren. Es ist ein Kategorienfehler, die naturale Form als W-W' zu bezeichnen. Man projiziert (genau das war der Fehler bei Marx und Menger) die Geldverwendung schon auf den Naturaltausch. Noch Simmel folgt dieser Linie und sagt, »dass der Tausch selbst im Gelde Körper geworden ist«.[41]

Die drei skizzierten Formeln sind kein konstruiertes Modell, sondern nur die abgekürzte Schreibweise für phänomenologisch, alltäglich erkennbare Handlungen. Die Form W-G-W' zerfällt in zwei Akte: Verkauf und Kauf. Ein einfacher Kaufakt ist aus der Warte des Warenbesitzer W → G: Er gibt die Ware her und erhält Geld (eingebettet in all das, was oben skizziert wurde: performative Anerkennung der Geldeinheit, rechnendes Denken, Anerkennung der Eigentumsrechte etc.). Der Käufer vollzieht den symmetrischen Akt dazu: G → W. Nun funktioniert das Geld aber nur, wenn es wieder ausgegeben wird. Es kommt zu einer *Verkettung* der Kaufakte: W – G – W' usw.

Im Kaufakt *implizit* ist die Entstehung eines Schuldverhältnisses. Ein Schuldverhältnis ist gleichsam ein *unabgeschlossener* Verkaufs- oder Kaufakt. Die Ware W wird hergegeben: W →, doch die Gegenleistung G erfolgt erst später. Oder gar nicht: Dann verwandelt sich der Kauf in ein neues Rechtsverhältnis, einen Rechtsstreit bei Zahlungsunfähigkeit. Es gibt auch das symmetrisch dazu erscheinende Schuldverhältnis: G →. Geld wurde gegeben, die Gegenleistung ist noch nicht erfolgt. Weil Kauf und Zahlung zeitlich immer wieder auseinanderfallen, ist die Wertsumme aller Waren auf einem Markt nicht einfach einer bestimmten Geldsumme gleich. Erstens wird das Geld unterschiedlich schnell wieder ausgegeben. Es gibt immer *vorübergehende*, kleinere oder größere Geldhorte. Zweitens bilden sich unaufhörlich neue Schuldverhältnisse. Wer ein erlaubtes Schuldverhältnis eingeht, wer also z. B. einem Käufer Zahlungsaufschub gewährt, der *gewährt Kredit*. Er *vertraut* (Lat. *credere*) dem Käufer und seiner späteren Zahlung. Weder die temporäre Bildung von Geldhorten noch die Kreditvergabe lässt sich als *mechanischer Prozess* beschreiben. Deshalb ist die *funktionierende* Geldmenge auf einem Markt nicht einfach durch Addition auf Konten zu erkennen. Mehr noch, die Geldmenge ist gar nicht formal mit sich selbst identisch. Es handelt sich um eine lebendige Größe, die sich im Rhythmus von Kaufen und Verkaufen, Horten und Kredit verändert; dazu gleich noch mehr.

Der in der traditionellen Ökonomik verwendete, rein mechanische Begriff der »Umlaufgeschwindigkeit« des Geldes kann all diese Phänomene nicht erfassen. Gewiss ist es richtig zu sagen, dass ein Geldstück von außen betrachtet mit einer bestimmten Häufigkeit weitergegeben wird. Nimmt diese Häufigkeit zu, dann steigt in diesem Sinn die »Umlaufgeschwindigkeit«. Doch diese Größe ist auf keine Weise *gegeben*. Wenn man die Umlaufgeschwindigkeit (wie in der »Quantitätstheorie des Geldes« vorausgesetzt) empirisch ermitteln möchte, aus der Definitionsgleichung MV = PY (M = Geldmenge, V = Umlaufgeschwindigkeit, P = Deflator des BIP, Y = BIP), dann ist sowohl das nominale BIP = PY wie auch die Geld*menge* eine rein konstruierte Größe, keine mechanisch zu beschreibende Tatsache, bezüglich der dann die Umlaufgeschwindigkeit V = PY / M definiert werden könnte. M ist ebenso wenig mit sich identisch, wie die Summe der Werte aller umlaufenden Güter gegeben ist.

Zudem verliert der mechanische Begriff »Geschwindigkeit« gänzlich seinen Sinn, wenn gar keine identifizierbare Entität – wie eine Münze – zur Geldrechnung verwendet wird, sondern nur noch Zahlen auf einem Computer, die unaufhörlich neu verbucht werden und deren Identität als Summe gar nicht über alle Marktteilnehmer hinweg identifizierbar oder zuzuordnen ist. Wo »ist« das Geld bei einer Überweisung von einem Girokonto auf ein anderes? Identifizierbar sind nur noch die *Eigentumsrechte* an solchen Buchungsgrößen, auch der Zeitpunkt der Wirksamkeit eines Eigentumsrechts (beim Zahlungseingang). Diese Eigentumsrechte verändern sich weit weniger rasch als die unaufhörlichen Umbuchungen im Bank- und Finanzsystem. Wenn 1000 € von Konto A am 1.2.2021 nach Konto B überwiesen werden und am 4.2.2021 dort als Gutschrift erscheinen, dann ist die Wirksamkeit der 1000 € in der Zwischenzeit, gar die isolierte Identität von 1000 € – für die Banken meist durchaus profitabel – völlig unkenntlich. Hier von *Umlaufgeschwindigkeit des Geldes* zu sprechen, verdeckt das Geldphänomen als bloß illusionäre Entität der Rechnung.

Zweifellos kann man sagen, dass bei einer Inflation oder Deflation, d.h. allgemein steigenden oder fallenden Preisen, versucht wird, Geldbestände aufzulösen (um sich nicht immer höheren Preisen gegenüber zu sehen) oder im gegenteiligen Fall Käufe aufzuschieben (in Erwartung weiter fallender Preise). Doch dieser Prozess, so offen er zutage liegt, lässt sich nicht seinerseits wiederum in ein mechanisches Modell verwandeln. Zwar wird im Fall einer allgemeinen Inflation (Deflation) der Geldumlauf beschleunigt (verlangsamt). Doch auch dieser Prozess eignet sich nicht für eine makroökonomische Prognose. Das, was sich in der alltäglichen Geldverwendung als mannigfacher Rechenprozess der Geldsubjekte vollzieht, lässt sich nicht in einer »Metarechnung« zusammenfassen, die mehr als das bereits intuitiv zu erwartende Ergebnis zutage fördern könnte. Das zeigt sich analog an den Aktienmärkten: Phasen irrationaler Euphorie oder Depression erhöhen zwar die Schwankungsbreite der Käufe und Verkäufe (Volatilität). Doch auch hier liegt kein einfacher kausal-mechanischer Prozess vor. All die verwendeten und ermittelten Indexzahlen mögen Käufer und Verkäufer auf eine psychologisch zu beschreibende Weise beeinflussen. Viel mehr ist allerdings dazu nicht zu sagen. Märkte sind keine Maschinenteile einer als Maschine beschreibbaren Volkswirtschaft. »Ingenieurwissenschaften« sind hier fehl am Platz.

In der traditionellen ökonomischen Theorie – um unsere Überlegungen direkt zu vergleichen – versucht man gleichwohl, der Geldmenge einen Geldwert der umlaufenden Güter gegenüberzustellen. Das kann etwa wie folgt formuliert werden: Sei xi die Ware i, dann ist bei n Waren und mit pi als dem jeweils zugehörigen Warenpreis – mit i = 1,...,n – die Wertsumme, der Geldwert Gw der Waren (= Transaktionsvolumen) in einem bestimmten Zeitintervall wie folgt zu definieren:

$$G_w = \sum_{i=1}^{n} p_i x_i.$$

Es wäre nun völlig sinnlos – obgleich der Monetarismus daraus eine verbreitete Theorie gemacht hat –, diese Summe der Warenwerte auf die Summe des umlaufenden Geldes zu beziehen. Dafür gibt es wenigstens fünf Gründe:

Erstens ergibt sich nur durch den Marktprozess, *was* eine tatsächliche Ware oder was nur ein Flop, also ein gescheitertes Angebot, ist; weder ist in jedem Fall die Größe xi als Ware zu charakterisieren, noch ist die Anzahl der tatsächlich gehandelten Güter bestimmt. Innovationen variieren unaufhörlich die Zahl der auf den Märkten gehandelten Produkte, wobei viele auch scheitern.

Zweitens sind viele Produkte dauerhaft (Maschinen, Kühlschränke, Computer), so dass deren Beitrag zum »Wohlstand der Nationen« nur durch eine grobe Hilfsrechnung (Abschreibungen) bestimmbar ist.

Drittens müssten, um das umlaufende Geld mit gehandelten Produkten vergleichen zu können, auch die sog. »Finanzdienstleistungen« mit einbezogen werden. Der Finanz- und Banksektor wird durchaus zum BIP gerechnet, obgleich weite Teile ein fiktives Schneeballsystem der Kreditvergabe und Verschuldung darstellen. Zudem sind im Finanzsektor Preis- und Mengenkomponente kaum klar zu trennen. Die Vorstellung, dass eine Geldmenge die Preise *getrennt* von den »realen Gütermengen« beeinflusst, hat bei vielfach variablen Mengen an Papieren (bei sog. »Derivaten«) keinen Sinn – obwohl Zentralbanken sehr wohl Börsen durch billiges Geld stützen können. Es muss hier erst zu einer *Krise* kommen, um die fiktiven Werte wahrnehmbar zu machen.

Viertens müssten auch die Lohn- und Zinszahlungen sowie die Gewinnausschüttungen einschließlich der Managementgehälter Teil des Transaktionsvolumens sein, denn auch für diese Zahlungen wird Geld verwendet. Die Definition der realen Komponente einer »Managementleistung« ist aber unmöglich – von moralischen Fragen nach der angemessenen Höhe der Entlohnung dieser »Leistungen« (Managementgehälter, Bonuszahlungen etc.) ganz abgesehen.

Fünftens schließlich ist der Geldwert Gw der Waren, das gesamte Transaktionsvolumen, keiner als *Bestandsgröße* definierbaren Geldmenge M zuzurechnen, weil sich diese Menge durch Kredite, Horte oder panische Käufe und Verkäufe unaufhörlich in ihrer Wirksamkeit *als Geld* ändert.

Die Theorien, die also eine wie immer statistisch generierte »reale Wirtschaftsleistung« mit einer wie immer verbuchten »Geldmenge« vergleichen und daraus Aussagen über Preisentwicklungen ableiten wollen, bewegen sich wissenschaftlich in einer Nebelwelt – was sich in gescheiterten Prognosen regelmäßig auch öffentlich manifestiert. Die bloße Idee, es gäbe so etwas wie einen *realen* Sektor, funktional getrennt von Geldprozessen – und das *in einer Geldökonomie* – ist ein Märchen. Man kann technisch gemessene Produktionsmengen oder zahlreiche Dienstleistungen von Geldprozessen unterscheiden und *insofern* von »realer Wirtschaft« sprechen. Doch diese reale Sphäre interagiert (in einer Geldökonomie) immer nur über Kauf und Verkauf und ist insofern unlösbar mit dem Geld verknüpft. Auch an den genannten technischen Eigenschaften ist die soziale Vermittlung durch das Geld nicht durch Abstraktion, durch statistische Methoden zu beseitigen.

Wir sagten: *Geld ist eine Denkform.* Es lebt in seiner Verwendung mit den Menschen – und diese Menschen horten, variieren ihre Kreditbeziehungen und verändern so unaufhörlich die *funktionierende* Geldmenge und damit die »Geschwindigkeit« des umlaufenden Geldes. Mit diesen vielfältigen Veränderungen verändert sich jedes Mal die Vergesellschaftung der Arbeits- und Produktionsprozesse und der geteilten Bedürfnisse, die sich ihrerseits *mit diesen Geldprozessen* bei Innovationen oder durch Werbung verändern. Wenn man die vielen Geldformen bei Unternehmen und auf den Finanzmärkten, die aus der ursprünglichen Rechnungseinheit durch Kredite entwickelt werden, noch hinzuzählt (elektronische Zahlungsmittel, Überziehungskredit, Rabatte, Staats- oder Studentenkredite usw.), dann wird deutlich, dass der Begriff »Geld*menge«* ein Leerbegriff ist, d. h. eine vielfach beliebig zu konstruierende statistische Entität. Was hier als »Menge« angesehen wird, ist ein lebendiger, kognitiv vermittelter Prozess, der die Vergesellschaftung immer wieder durch Täuschungen und Enttäuschungen, durch Krisen und Boomphasen hindurch vollzieht. Wenn man also – dies ist das wichtige Resultat der Phänomenologie des Geldes – das Geld als in sich differenzierte, vielfältige und sozial vermittelte, mit zugehörigen Denkformen gleichursprüngliche Handlungsweisen erkennt, dann versteht man, dass alle Vorstellungen von Geld als *Menge*, als Zahl in der Bilanz der Zentralbank oder als »Öl in der Wirtschaftsmaschine« absurd sind. Das Öl selbst, um im Bild zu bleiben, ist die »Maschine«. Wirtschafts- oder geldpolitische Schlussfolgerungen aus dem Zusammenzählen von Summen auf Zentralbankkonten zu ziehen, ist ein verhängnisvoller Denkfehler.

Geld muss allgemein gelten, das heißt, es muss allen gemein sein, dass sie Geld als Geld anerkennen. Geld beruht auf der Anerkennung der Vielen.

Geldgier und Zins

Sehen wir dem Geldprozess in seiner alltäglichen Struktur noch etwas genauer zu, um die durch das Geld veränderten Denkformen und Handlungsmotive der Menschen besser verstehen zu können. Was zeigt sich, wenn man Kauf und Verkauf durch den Einbezug von Schuldverhältnissen und Kreditformen differenziert? Wer eine Zahlung aufschiebt, wer Geld hortet, wer *vorübergehend* die Funktion von Geld als Vermittler entweder beschleunigt (Kredit) oder verlangsamt (Hort), der verwendet eine neue, implizite Funktion des Geldes. Weil das Geld auf den Märkten von allen anerkannt wird, weil seine Geltung unbestritten ist, weil die Marktprozesse durch das Ausgeben oder Zurückhalten von Geld *beeinflusst* werden, hat sich bereits früh eine ganz neue Geldfunktion aus Kauf und Verkauf herausgelöst. Aristoteles hat sie zuerst analysiert. Ein Marktprozess lässt sich formal beschreiben als eine vielfältige Kette von Waren und Zahlungen für diese Waren:

$$W - G - W' - G - W'' - G - W''' \text{ etc.}$$

Eingebettet in diese Kette ist eine auf den ersten Blick sinnlose Form: G – W′ – G. Da nun aber Geld zur Überwindung der Marktzutrittsschranke die Motivation des Strebens nach Geld hervorgebracht hat, erwächst gerade aus dieser scheinbar sinnleeren Form eine neue Motivation: *die Geldgier*. Wenn man eine bestimmte Geldsumme besitzt, dann kann man diese Geldsumme *strategisch* nutzen, um durch geschickte Käufe und Wiederverkäufe diese Geldsumme zu *vermehren*. Es wird dann daraus die Form: G – W – G+ΔG. Dabei ist ΔG der Gewinn bei diesem Geschäft. Der Geldbesitzer kauft die Ware nicht, weil er sie benötigt, er kauft sie, um sie *wieder zu verkaufen*, mit dem Ziel, die ursprüngliche Geldsumme zu *vermehren*. Der Käufer wird zum Kauf*vermittler*, eine ursprüngliche Funktion des Kaufmanns; ΔG ist der Kaufmannsgewinn oder einfach *der* Gewinn.

Doch damit nicht genug. Aristoteles fügt dem noch eine weitere Form hinzu. Der Geldbesitzer kann eine Geldsumme auch *direkt* verleihen – als *Kredit*. Er tut dies, nunmehr motiviert von seiner Geldgier, in der Formel: G – G+ΔG. Hier erscheint der Zuwachs an Geld ΔG nicht als kaufmännischer Gewinn, sondern als Gegenleistung für die *Kreditvergabe*. ΔG wird in dieser Form zum *Zins* und ΔG/G zum Zins*satz*, der »Wachstumsrate« der ursprünglichen Geldsumme. Diese Form und die zugehörige Motivation, obgleich sie aus dem ursprünglichen Geldverkehr immer wieder neu hervorgehen, haben eine ganz neue Bedeutung. Sie *dienen* nicht mehr der Vermittlung von Leistungen und Bedürfnissen, von Produktion und Konsum. Sie *vergesellschaften* nicht die Arbeits- und Bedürfnisteilung, sondern sie *überlagern* sich dieser Vergesellschaftung. Aristoteles sah darin einen *Missbrauch*. Der Zins ist institutionalisierte Geldgier.

Man kann es in der Sprache der Ökonomik auch so ausdrücken: Während das Geld als Tauschvermittler einen sozialen Nutzen stiftet (es vergesellschaftet Arbeit und Bedürfnisse), ist dieser Nutzen bei der Zinsnahme nicht zu erkennen. Im Gegenteil, hier wird eine *soziale Institution* – Ökonomen nennen solche Institutionen und ihre Funktionsweise auch »öffentliche Güter« – für *private* Zwecke missbraucht. Der Zins ist als kristallisierte Geldgier *uno actu* die Durchsetzung eines *rein privaten Interesses* auf dem Rücken einer gemeinschaftlich genutzten Institution: Geld. (Man beachte die

Doppelbedeutung: Interesse → *interest.*) Es wird auch verständlich, weshalb das Wort »Tausch« etymologisch mit *Täuschen* in Verbindung steht. Der Kaufmann täuscht ein Interesse an Waren vor, hat aber nur ein Interesse am Zins (*interest*). Das Streben nach Zins ist insofern die reinste Form des Interesses in einer Geldökonomie. Mittelalterliche, scholastische Autoren haben faktisch *Zins* und *Lüge* gleichgesetzt. Beim Zins handelt es sich um eine private Lüge der Wucherer, den Missbrauch von Vertrauen. Auch das Prägen von Falschmünzen oder Münzen mit geringerem Metallwert entspricht einer Lüge, in diesem Fall ist es eine öffentliche Lüge der Fürsten oder der Regierung.[42] Allgemein kann man sagen: Der Zins ist der Missbrauch einer öffentlichen Funktion des Geldes, deshalb ist auch Geldentwertung der Missbrauch des Vertrauens in Geld. Aus dieser Herkunft ist verständlich, weshalb das Zinsnehmen für rund 2500 Jahre ethisch geächtet und verboten war.

Die Neuzeit hat dieses ethische Urteil schrittweise aufgehoben. Um diese Situation genauer zu verstehen, erinnere ich zuvor an ein wichtiges Element in der Kreditbeziehung, das auf den ersten Blick trivial zu sein scheint: Bei einem Kredit fallen Geldvergabe und Rückzahlung *zeitlich* auseinander. Man muss die obige Formel deshalb mit einem Zeitindex »t« versehen, wobei t für eine Woche, einen Monat oder ein Jahr stehen kann und die Zahl »1« eine solche Zeiteinheit bedeuten soll: $G(t) \rightarrow G(t+1)$, wobei $G(t+1) - G(t) = \Delta G$. Der Zins ΔG wird zum Zeitpunkt t+1 fällig und überbrückt die zeitliche Differenz beider Geldzahlungen, während sich zu diesen überbrückten Zeitpunkten jeweils auch ein Eigentumswechsel vollzieht: Der Kreditgeber gibt, der Kreditnehmer nimmt Geld zum Zeitpunkt t, umgekehrt beim Zeitpunkt t+1. Dieses Zeitmoment wurde in der Geschichte höchst unterschiedlich beurteilt. Die scholastischen

Autoren argumentierten wie folgt: Die Zeit kann kein Mensch herstellen; nur Gott in seiner Ewigkeit steht über der Zeit, ist die Macht der Zeit. Wenn folglich ein Kreditgeber – im Mittelalter *Wucherer* genannt – zu einem späteren Zeitpunkt mehr Geld zurückfordert, als er verliehen hat, dann will er die *Zeit* verkaufen, maßt sich also das Eigentum an der Zeit an, die nur Gott gehört. Deshalb drohte den Wucherern die ewige Verdammnis: Mit Gottesgaben egoistisch zu verfahren war eine Todsünde.

Ganz anders in der Neuzeit, etwa seit der Mitte des 19. Jahrhunderts. Hier argumentieren die Ökonomen völlig anders. Sie sagen, wer einen Kredit vergibt, der muss auf die Rückzahlung *warten*. Das Warten ist aber ein Leid, kein Nutzen, verlangt also eine Kompensation: den Zins. Eine andere Argumentationslinie verläuft parallel: Während der Wartezeit auf die Rückzahlung kann viel geschehen. Der Kreditnehmer ist vielen Situationen ausgeliefert, die die anfänglichen Vertragsbedingungen des Kreditvertrags unterlaufen und ihn womöglich zahlungsunfähig machen. Folglich trägt der Kreditgeber – der Wucherer – ein *Risiko*, und je länger der Kreditvertrag läuft, desto größer wird die Wahrscheinlichkeit, dass ein nachteiliges Ereignis eintritt und die Kreditsumme nicht (oder nicht ganz) zurückgezahlt wird. Dieses Risiko verlangt wiederum – wie das Warten – eine Kompensation: den Zins.

Kritisch bleibt hier allerdings anzumerken: Tatsächlich kann man aus der subjektiven Erfahrung des Wartens oder des Risikos keine objektive Größe, zudem gemessen in Geld, kausal ableiten. Man kann zwar die Motivation für das Zinsnehmen, die Geldgier, dadurch partiell »rationalisieren«, nicht aber den Zins begründen. Die Motivation oder eine subjektive Befindlichkeit erzeugen nie kausal ein äußeres Faktum, können aber sehr wohl eine Handlung prägen, die dann Fakten schafft. Doch eben dies hängt ab von je spezifischen Umständen, die zur Motivation in keiner objektiv-kausalen Beziehung stehen.

Bereits in der Spätscholastik haben katholische Moraltheologen, auf andere Weise auch der Protestantismus, das Wucherverbot auf anderen argumentativen Wegen gemildert. In der katholischen Theologie hat man die Begriffsunterscheidung von *Konsumentenkredit* und *Produzentenkredit* eingeführt, die leicht nachvollziehbar ist und für die sich auch aktuell viele Beispiele finden. Ein Kredit an einen Hausbesitzer, das Überziehen des Girokontos bei Einkäufen, eine Ratenzahlung usw. – all dies sind Konsumentenkredite. Produzentenkredite werden an Existenzgründer oder Unternehmen vergeben. Was ist die Differenz? Ein Konsumentenkredit muss aus künftigen *Lohnzahlungen* (jedenfalls in der Regel) beglichen werden. Zwar kann der Konsument heute mehr konsumieren, muss aber künftig zur Tilgung plus Zins auf *mehr* Geld verzichten, als er ursprünglich im Kredit erhielt. Sein Gesamteinkommen in Gegenwart und Zukunft wird gemindert. Und bei Krediten in privaten Notlagen, z. B. bei einer Wirtschaftskrise, kann dies zur völligen Verarmung der Kreditnehmer führen. Deshalb – so die spätscholastischen Autoren – ist ein Konsumentenkredit tatsächlich genau das, was der Begriff »Wucher« beschreibt: das Ausnützen der Notlage anderer oder heutzutage auch nur einer Schwäche gegenüber den Verlockungen der Konsumwerbung. Es handelt sich hier um eine reine Umverteilung: Die Einkommen der Kreditnehmer sinken, die der Kreditgeber steigen.

Anders ist der *Produzentenkredit* zu beurteilen. Er wurde übrigens – ich erwähne das am Rande – von den Ökonomen Bentham bis Marx und Schumpeter als fast ausschließliche Kreditform betrachtet. Auch der Philosoph Fichte hat in einer nachgelassenen Vorlesung ähnliche Gedanken entwickelt.[43] Bei einem Produzentenkredit – Schumpeter nennt den Kreditgeber »Kapitalist«, den Kreditnehmer »Unternehmer« – wird ein Kredit, häufig durch eine Bank, an ein Unternehmen vergeben, das die entsprechende Geldsumme für *Investitionen* nutzt. Investitionen *erweitern* die Produktionsmöglichkeiten oder finanzieren Innovationen wie neue Produkte, Prozesse oder Vertriebswege. Investitionen und Innovationen führen nach einer gewissen Produktionsperiode zu einer *Vermehrung* der gesamtwirtschaftlichen Produktmenge, was als »reales Wirtschaftswachstum« bezeichnet wird. Durch Innovationen entsteht volkswirtschaftlich *insgesamt* ein Überschuss, ein Gewinn, der sich auf viele Produktionssphären und Einkommensarten verteilt. Ein neues Produkt, von den Konsumenten angenommen, führt zu neuen Arbeitsplätzen oder steigenden Löhnen, falls eine zur Herstellung notwendige Qualifikation knapp ist – Löhne, die ausgegeben in anderen Sektoren Einkommen schaffen (»Multiplikatoreffekt«). Ein Wachstumsprozess kommt in Gang. Innovationen erzeugen gesamtwirtschaftlich Gewinne, denen ein realer Zuwachs an neuen Gütern oder Dienstleistungen entspricht. Diese Gewinne aus den zugehörigen Erlösen sind die Quelle für die Begleichung von Kreditzinsen. Der Kredit hat als *Produzentenkredit* im Kapitalismus eine spezifische Funktion: Ohne ihn gäbe es kein andauerndes Wirtschaftswachstum. Wenn man aus ethischen Gründen befürwortet, dass es Wachstum (»Fortschritt«) geben *soll*, dann kann man mit den genannten Argumenten das Zinsnehmen verteidigen. Der Kredit erfüllt als Produzentenkredit eine *produktive* Funktion. Ich beeile mich hinzuzufügen: Das Ziel »reales Wachstum« mag aber aus ethischen und vor allem aus ökologischen Gründen fragwürdig erscheinen, womit diese Begründung für den Zins gegen das Wucherverbot hinfällig wird. Eine vertiefende ethische Diskussion dieser Frage muss ich hier ausklammern.

Die reine *Geldgier*, losgelöst von ihrer Funktionalität für die Finanzierung von Innovationen, stellt die letzte Stufe dessen dar, was aus der Geldverwendung und dem Geld als Marktzutrittsschranke schließlich an überlagerten Formen zu entdecken ist. Wenn an den Finanzmärkten die Handelnden nur noch auf die bloßen Zahlen, die Höhe der Boni im Vergleich zu den jeweiligen Konkurrenten blicken – einige empirische Studien haben das sogar als primäre Motivation für die Geldgier behauptet –, dann erreicht der *Missbrauch* des öffentlichen Gutes Geld als Institution für private Zwecke einen vorläufig unüberbotenen Höhepunkt. Übertroffen kann diese Geldgier eigentlich nur noch durch einen letzten Schritt werden: wenn man Börsencomputern völlig automatisch den Handel mit Wertpapieren überlässt (»Algotrading«, »High Frequency Trading«). Hier ist die Geldgier, die bereits in ihrer reinen Form eine *mechanische Leidenschaft* ist, weil sie nur das Mehr und Mehr vom immer Gleichen wünscht, mit einem objektiven Automatismus, einer Maschine verschmolzen. Nicht Menschen und ihre wie immer pervertierten Leidenschaften, sondern *Maschinen* beginnen den Börsenhandel zu dominieren. Diese letzte Stufe der Entwicklung ist bei alltäglichen Käufen kaum erfahrbar. Hier werden die Grenzen einer Alltagsphänomenologie erreicht. Man muss, um all das zu durchschauen, selbst zu einem Experten werden, die Technologie an den Börsen, die Handelsformen usw. studieren, um das genau zu verstehen – etwas, was ich hier nicht darstellen kann. Immerhin mag der Hinweis genügen: Mit jedem Preis, der in einem Kaufhaus gezahlt wird, zahlt jeder auch die Zinsen, die in der Kreditfinanzierung der gekauften Produkte enthalten sind. Wir finanzieren also durch unsere Käufe auch eine Klasse von Menschen, die *nur* von Zinserträgen lebt. Auch beim »Algotrading« ist es so, dass die damit verbundene *Marktmanipulation* aufgrund der darin liegenden *Spekulation* in vielen Fällen zu höheren Preisen z. B. bei Rohstoffen oder Lebensmitteln bei höherer Volatilität führt. Auch hier zahlen letztlich die Konsumenten die höheren Preise, ohne dass von einer solch spekulativen, teilweise durch Computer mechanisierten Geldgier für die »reale Wirtschaft« (die produzierten Güter und Dienstleistungen) ein Vorteil erkennbar wäre.

Wenn man argumentiert, dass die Preisbildung durch diese Entwicklung *viel rascher* erfolgt, dass damit Verzögerungen, Reibungen vermindert würden, so verwendet man nicht nur ein völlig inadäquates *mechanisches* Bild für die menschliche Handlung der Geldverwendung, sondern es mangelt auch an der aristotelischen Erkenntnis, dass es sich hierbei um den *Missbrauch* einer sozialen Institution für private Zwecke handelt. Eben dieser Missbrauch ist ein Charakteristikum für das, was der *Neoliberalismus* als *politischer Ausdruck* solcher Interpretationen fordert – die Idee, dass möglichst alle vermittelnden und produktiven Tätigkeiten der Menschen über *Märkte*, über das Geld abgewickelt werden sollen. Nur private Initiative sei effizient, weshalb man eine Privatisierung auch von öffentlichen Gütern fordert: Handeln mit Verschmutzungsrechten, Privatisierung der Wasser- und Stromversorgung, der Verkehrswege, ja sogar des Militärs und des Gefängniswesens. Hier erreicht eine Entwicklung, die mit dem Missbrauch des Geldes für private Zwecke durch die frühen Wucherer einsetzte, ihren Höhepunkt. Es wird völlig vergessen, dass der vorgebliche private Wettbewerb durchaus illusionär ist, weil die großen Konzerne über die

Finanzmärkte verflochten sind und gegenüber Konsumenten oder der öffentlichen Verwaltung faktisch ein Eigentumsmonopol bilden. Dies stellt eine nicht geringere Gefahr für die Güterversorgung der Menschen dar als die vom Neoliberalismus behauptete staatliche Willkür. Öffentlich bereitgestellte Güter werden in Demokratien im Idealfall wenigstens öffentlich kontrolliert. Die Privatisierung gibt die Güterproduktion bei der Wasser- und Stromversorgung, beim Handel mit Zertifikaten für den vorgeblichen Umweltschutz, bei den Verkehrswegen, bei der inneren Sicherheit usw. in die Hand großer Konzerne. Das führt, wie sich durchaus empirisch zeigte, weder zu einer verbesserten Versorgungsqualität, noch sinken allgemein die Preise – von wenigen Ausnahmen abgesehen. In der neoliberalen Deregulierung, die in den 1980er-Jahren einsetzte und auch in Europa unverdrossen fortgesetzt wird, hat das Geldsubjekt, die Geldgier nicht nur die Politik erreicht, sondern hat auch das Denken der Öffentlichkeit fest im Griff. An diesem Punkt verwandelt sich die Phänomenologie des Geldes in eine *Kritik der Geldherrschaft* oder in eine *kritische Wirtschaftsethik*.

Die »Substanz« des Geldes ist eine soziale, kollektiv erzeugte und darin zirkuläre Illusion der Geltung.

Die Eroberung des Denkens durch die Ratio

Das Denken, die Wissenschaften und die Politik werden immer mehr durch die aus der Geldlogik stammende, im Geldverkehr gründende Ratio erobert. Die Geldtheorien des vergangenen Jahrhunderts, die diese Entwicklung unmittelbar vor Augen hatten, haben davon so gut wie nichts bemerkt. Marxisten weiteten zwar durch die Brille des Kapitels über den »Fetischcharakter der Ware« in Marx' »Das Kapital« ihren Blick ein wenig aus. Theodor W. Adorno hat, in der Nachfolge von Georg Lukács diesen Fetischcharakter zu einem allgemeinen »Verblendungszusammenhang« begrifflich inflationiert. Sie sind dabei aber kaum je auf die innere Denkform der im Geld vollzogenen Prozesse gestoßen. Wie »bürgerliche« Theoretiker sehen auch sie im Geld einen rein objektiven, außerhalb des Bewusstseins verlaufenden Prozess. Dieser Prozess werde zwar im Bewusstsein »widergespiegelt«, sei aber eine gänzlich dinglich zu beschreibende Verkehrsform. Auch im Streit der Schulen der Geldtheorie wurde diese dingliche Selbstverblendung nicht aufgebrochen.

Das wird zunächst beim Blick auf die beiden wichtigsten, im 20. Jahrhundert dominierenden Geldtheorien erkennbar: Nominalismus und Metallismus. Die Nominalisten in der Geldtheorie sagen, dass Geld ein bloßes *Zeichen*, ein bloßer Name (*nomen*) sei, also für sich keinen Substanzwert besitze. Geld hat dieser Auffassung nach (in der anglo-amerikanischen Literatur *Chartalism* genannt) keinen inneren Wert. Diese Theorie wurde von Georg Friedrich Knapp (»Staatliche Theorie des Geldes«, 1905) entwickelt, wird aber auch von vielen modernen Theoretikern übernommen, so von

John Maynard Keynes und Milton Friedman, bei allen sonstigen Gegensätzen in ihren wirtschaftspolitischen Auffassungen. In jüngerer Zeit ist dieser Gedanke durch die *Modern Monetary Theorie (MMT)* politisch einflussreich geworden. Man geht von der Vorstellung aus, dass ein Staat seine eigene Währung in beliebiger Höhe »drucken« kann und somit keine Schulden aufnehmen muss für besondere Projekte. Bei aufkeimender Inflation durch eine Zentralbankgeldschwemme könne man – so die Hoffnung – durch Steuern bzw. durch Erhöhung der Leitzinsen der Zentralbank überschüssige Liquidität einfach wieder abschöpfen und so Staatshaushalte auf Dauer schuldenfrei finanzieren. Zweifellos lassen sich die Finanzmärkte mittels Geldschwemme durch eine Zentralbank auf ungeahnte Weise aufblähen. Deren inhärente Instabilität führt jedoch sehr wahrscheinlich früher oder später zu einem Crash und schließlich zu einem grundlegenden Vertrauensverlust des Publikums in die jeweilige Währung. Zudem ist die MMT nur anwendbar, wenn ein Staat wirklicher Souverän bezüglich des umlaufenden Geldes ist – etwas, das in Europa durch die Gemeinschaftswährung nicht vorliegt. Andere Länder wiederum sind von der internationalen Leitwährung, vor allem dem Dollar, abhängig und nicht eigentlich souverän bezüglich ihrer Geldpolitik. Wechselkurse können durch lokale Geldpolitik nicht kontrolliert werden, und auch eine Leitwährung wie der Dollar bleibt von politisch-militärischen Konstellationen abhängig und dürfte die Rolle eines Weltgeldes wohl in absehbarer Zeit verlieren. Ich möchte die MMT hier nicht weiter kritisch beleuchten. Sie leistet zu einer Phänomenologie des Geldes nur einen sehr begrenzten Beitrag.[44]

Nach der nominalistischen Auffassung beruht der Wert des Geldes auf einem *Rechtssatz*, auf dem Recht der Zentralbank, Geld *als*

Geld schaffen und definieren zu können (»Fiat-Geld«). Der Metallismus dagegen entspricht der früheren Auffassung der Ökonomen (Smith, Ricardo, Mill, Marx und den österreichischen Theoretikern wie Menger, Wieser und von Mises). Hier behauptet man einen *inneren Wert* einer Geldware – meist Gold, auch Silber. Die klassischen Ökonomen identifizierten diesen inneren Wert (*intrinsic value*) teils mit der Knappheit des Materials, teils mit der Arbeit, die in der Förderung steckt. Bei Ricardo finden sich beide Auffassungen sogar nebeneinander. Papiergeld oder Zeichengeld gilt für die Metallisten als uneigentliches, bestenfalls abgeleitetes Geld. Wirkliches Geld seien nur Goldmünzen oder Barren aus einem Edelmetall (»Bullion«). Für die Nominalisten in der Geldtheorie ist für den Wert des Geldes dagegen letztlich nur die Zentralbank oder der Staat verantwortlich, die die Geldausgabe steuern und damit die Geldmenge vermeintlich kontrollieren. Ich habe diesen Gedanken oben schon kritisch beleuchtet. Nach metallistischer Auffassung dagegen ist das Papiergeld nur ein Zeichen für das verfügbare Gold, weshalb die Papiergeldmenge nicht über die Sicherheiten, die eingelegte Goldmenge bei den Zentralbanken, hinaus steigen dürfe.

Eine eher marginale Abart davon ist die Idee des *Vollgeldes*. Hier bindet man den Geldwert nicht an Gold, verbietet aber den Banken, eigenes Geld durch Giralgeld zu schöpfen. Es soll eine 1:1-Einlagesicherung geben. Nur was Sparer und die Zentralbank im Banksystem zur Verfügung stellen, darf wieder als Kredit gesammelt und ausgegeben werden. Diese Idee wurde ursprünglich vom Chicago-Ökonom Henry Simons entwickelt, später von Irving Fisher übernommen, und gelegentlich wurde diese Idee auch von Autoren des Internationalen Währungsfonds (IWF = International Monetary Fund) sowie Anhängern in Deutschland und Österreich vertreten[45]. Hier soll die Institution »Gesetz« das Gleiche erreichen, was eine Golddeckung beim Metallismus angeblich bewirkt. Beide Auffassungen gehen davon aus, dass sich die *soziale Funktion* des Geldes mechanisch durch eine *Menge* (Geldmenge) erfassen und definieren lasse, die zudem kontrollierbar sei. Hayek, obgleich Schüler von Mises, vertrat eine nominalistische Theorie, wollte aber die Kontrolle der Geldmenge letztlich dem Markt übergeben: Banken sollen je ihre eigenen Noten drucken und in Umlauf bringen dürfen. Der Wettbewerb werde dann die Wechselkurse zwischen diesen Banknoten schon zu einem harmonischen Gleichgewicht führen – so Hayeks Gedanke, dessen Naivität ich hier nicht kommentiere, sieht man davon ab, dass es solch ein System im 19. Jahrhundert durchaus schon gab, mit regelmäßigen Bankruns und Zusammenbrüchen.

Ein neuerdings wichtig gewordenes Geldsystem sind die Kryptowährungen, ein rein elektronisches Geld, dessen Wert durch eine (wenigstens bislang) »unüberwindbare« Verschlüsselungssoftware (Blockchain) gesichert wäre. Bei elektronischem Geld wie Bitcoin tritt privates Geld vermehrt zu staatlichem Geld in Wettbewerb und wird gelegentlich auch von Staaten oder großen Banken bekämpft – sofern sie nicht selbst andere Formen von elektronischem Geld anbieten. Überdeutlich zeigt sich hier das Vertrauen in eine Geldform als primärer Träger für jeden »Wert«, was an der bislang hohen Volatilität bei Kryptowährungen sichtbar war. Sie wurden auch weniger für Transaktionen und bislang eher als Spekulationsobjekt verwendet. Anders verhält sich die Sache, wenn Zentralbanken selbst elektronisches Geld ausgeben (Central Bank Digital Currency, CBDC). Es funktioniert auf den ersten Blick wie anderes Fiat-Geld. Doch dieser Eindruck täuscht. Denn hier kann die Zentralbank *di-*

rekt die Geldverwendung elektronisch überwachen und diese Überwachung mit anderen Funktionen kombinieren. Banken als Vermittler verlieren dann schrittweise ihre Aufgabe. Dies wird bislang vor allem in China praktiziert und führt über die Vergabe von »Scores« (Punkte für staatlich wohlgefälliges Verhalten) mehr und mehr zu einem Überwachungssystem, auf das u. a. Shoshana Zuboff mit ihrem Begriff des »Surveillance Capitalism« hingewiesen hat.[46]

Es zeichnet sich hier ein globaler, auch politischer Systemwandel ab, der geeignet ist, die traditionelle Rolle des Geldes global völlig zu verwandeln – wie im Kommunismus, diesmal allerdings als innere Modifikation der Geldökonomie oder als Transformation von politischen Systemen in einen neuen, elektronischen Totalitarismus.[47] Ich möchte allerdings daran erinnern, dass jede Form des elektronischen Geldes auf elektrische Träger angewiesen ist. Elektrischer Strom ist aber keineswegs eine dauerhaft gesicherte Ressource. Bei einem Stromausfall hört jegliches elektronische Geld – natürlich auch Kreditkarten – auf, zu funktionieren. Weder bei Münzen noch bei Geldscheinen war solch eine Abhängigkeit gegeben, so dass Bargeld auch in Krisen in den elementaren Geldoperationen noch funktionierte. Insofern sind alle derartigen Modifikationen durch technische Substitution – rein in ihrer materiellen Basis – auf »Sand gebaut«. Eine Erkenntnis, die sich in der Euphorie der Technologie-Propheten noch nicht einmal in Ansätzen abzeichnet. Eher versucht man, auch noch den menschlichen Körper *physisch* in solche Prozesse einzubinden. Mochten im 19. und 20. Jahrhundert Anarchisten oder Kommunisten von einer Abschaffung des Geldes durch eine soziale Revolution träumen – in der Gegenwart genügt ein globaler Blackout als »Sozialrevolutionär«, gleichsam auf Knopfdruck und ohne Planung eines Umsturzes. Freilich ein technischer »Revolutionär« ohne Ziel und Plan, nur ein Meister der Destruktion.

Zurück zur *Theorie* des Geldes: Metallistische und nominalistische Auffassungen sowie die MMT erkennen nicht, dass das Geld *als* Geld, als soziale Funktion und als wirksame Menge nur durch die Denkprozesse und Handlungen der Vielen, der Marktteilnehmer hindurch wirkt. Nur das, was sie darin performativ und zirkulär als Geld anerkennen, *ist* auch Geld. Und wenn man die Kreditvergabe der Banken beschränkt, findet die Geldgier neue Kreditwege, wie heute schon im Schattenbankensystem oder auf Schwarzmärkten, wie dem *ökonomisch* sehr bedeutsamen Waffen- und Rauschgifthandel. Auch Gold hätte nicht deshalb wieder einen *ökonomischen* Wert, weil es außerhalb der Wirtschaft eine Bedeutung als Schmuck, technisches Mittel usw. erfüllt, sondern – falls sich erneut eine Goldwährung durchsetzen sollte – weil die Menschen kollektiv an den Wert von Gold *glauben*, wie sie zuvor an den Wert des Dollars oder des Euros geglaubt haben. Das Ding »Gold« hat weder einen intrinsischen Wert (Ricardo, Marx), noch erwächst sein Wert aus der individuellen Nutzenschätzung, von der sich der Wert des Goldes ableiten soll (Menger, Mises). Der Wert ist auf keine physische oder psychische Eigenschaft zurückzuführen, sondern erwächst aus einer sozialen Form, aus der Vergesellschaftung, die durch das kollektive Denken und Vermeinen der Menschen hindurch geht. Dies ist das nicht aus anderen natürlichen, psychischen oder rechtlichen Vorstellungen ableitbare *Novum* im Geldbegriff. Der Nominalismus leidet zwar nicht an einer Substanzvorstellung, geht aber davon aus, dass eine zentrale Institution (Zentralbank, Staat) die *Geltung* direkt *verfügen* oder *anordnen* kann. Das ist naiv und letztlich doch ein Rückfall in ein Substanzdenken, sofern man dem Staat oder der Zentralbank eine quasi-göttliche Macht (*fiat money*) zuspricht, Werte zu *definieren*. Die Beteiligten an einer Geldökonomie, die Geldsubjekte können die Geltung des Geldes prinzipiell *aufheben*. Und sie tun dies bei Inflationen oder im internationalen Wirtschaftsverkehr, wenn sie andere, als stabiler geglaubte Währungen für Zahlungen verwenden. Gelegentlich scheiden Menschen auch ganz aus dem staatlich definierten Zahlungsverkehr aus, verwenden »Zigarettenwährungen«, definieren selbst »Regio-Währungen«, arbeiten mit Gutscheinen als Geldersatz oder bilden sogar lokal geldfreie Kommunen, wie in der anarchistischen Bewegung der 1930er-Jahre, der Hippie-Bewegung und neuerdings wieder bei einigen Experimenten in Europa und in Amerika. Was als randständige Spinnerei in der medialen Öffentlichkeit behandelt wird, könnte sich – bei einem globalen Blackout oder einem durch den Einsatz von Atomwaffen erzeugten EMP (= *elektromagnetischer Puls*) – bei längerem Ausfall aller elektronischen Zahlungssysteme als einziger Ausweg aus dem unvermeidlichen Chaos bei Stromausfall erweisen.

Geld offenbart dann seine innere Wahrheit, zeigt sich mit Macht als zirkuläre Illusion der Geltung, wie dies oben am Beispiel von *Vater-Kind* vorgestellt wurde. Diese zirkuläre Logik kann weder in einen staatlichen Befehl noch in eine dingliche Substanz aufgelöst werden. Eine materielle Substanz wäre zudem vergänglich oder nicht in hinreichender Menge verfügbar (wie Gold für einen globalen Geldverkehr), womit seine »Trägerfunktion für Geldwerte« schlicht unmöglich würde. Oder, gegenwärtig weitaus näherliegend, solch eine Substanz könnte diese Trägerfunktion für Wert auch einfach entziehen (wie die elektrische Energie, die nicht

»natürlich« vorkommt). Die menschliche Gesellschaft lässt sich weder aus vereinzelten Individuen (»methodologischer Individualismus«) noch durch Formen der Natur (wie sie die Mechanik oder Thermodynamik beschreiben) verstehen. Neben der Sprache ist das Geld das dafür sichtbarste Beispiel. Hier ist ein *neues*, ein phänomenologisches Denken erfordert; Geld und Sprache *sind* logisch und historisch ein *Novum*. Ihr Inhalt und ihre Formen tauchen in keiner anderen Wissenschaft originär auf – auch wenn viele Wissenschaften sich letztlich vom Geld, dem Rechnen und der Sprache ihre Denkmodelle ausgeborgt haben. Die moderne Ratio, das vereinzelt denkende und rechnende Subjekt, das René Descartes durch seine Philosophie auf den philosophischen Thron gehoben hat, mag seine Herkunft aus dem Geld vergessen haben, es wird dennoch zuinnerst von ihm regiert. Diese Herkunft der cartesianischen Philosophie aus dem Geld als Denkform aufzudecken, kann die Selbstaufklärung der Aufklärung vorbereiten und könnte so dem menschlichen Bewusstsein eine verloren gegangene Würde und Macht zurückgeben. Während Biologie, Genetik, Informationstheorie, Hirnforschung oder ökonomische Mechanik unaufhörlich Ausreden liefern, weshalb *der* Mensch angeblich seiner unwandelbaren Natur ausgeliefert sei, entzaubert die Phänomenologie des Geldes die Grundlagen dieser Denkformen, dechiffriert das innere Geheimnis der Ratio und eröffnet so eine offene Weite neuer gedanklicher Möglichkeiten, die durch das Vorurteil des Reduktionismus bislang versteckt blieb.

Die schrittweise Eroberung des Logos durch die Ratio, wie sie sich im berechnenden Denken zeigt und in den Wissenschaften verdinglicht wird, hat auch die innere Natur der Sprache, des Logos verändert. Die Sprache stellt eine Beziehung zwischen Menschen her, sofern über *Bedeutungen* kommuniziert wird. Wörter *bedeuten* etwas. Ihre Semantik unterscheidet sich von ihrer äußeren, grammatischen oder syntaktischen Form. Im rechnenden Denken wird der Bedeutungsgehalt von Aussagen nach und nach von seinem direkten Bezug auf menschliche Erfahrung entfremdet. Sprache erscheint dann vorwiegend als *syntaktisches System*. Bedeutung wird zur bloßen »Information«. Das, was Informationen »in Form« bringen, ist ein nur *äußerer* Bezug auf Nichtsprachliches. Anders gesagt: Sprache wird in eine *Technik* verwandelt, die diesen äußeren Bezug – der Begriff dafür ist »Information« – zur Norm macht. Informationen sind kraft ihrer Herkunft zwar etwas Geistiges, das in der Beziehung der Vielen zueinander seinen Ort und seine Herkunft aus dem Logos hat. Dieses Geistige ist auch nicht völlig durch Techniken zu tilgen, wohl aber zu verbergen. Die Herrschaft der Ratio über den Logos heißt auch: Bedeutungen werden so behandelt, wie das Geld die Qualität einer Ware *im Preis* behandelt. Informationen sind formal der bloße äußere Preis dessen, was als »Bedeutung« interpretiert wird.

Sprechen wird so zur bloßen »Informationsverarbeitung«. Wissenschaften haben diesen Wandel dadurch mitgemacht, dass nicht nur die Natur auf rechenbare Formen reduziert wurde, sondern auch Kommunikation nur mehr als »Aus-Tausch« von Informationen gilt, in völliger Analogie zu den Geldprozessen auf Märkten. Sprachen gelten als eine Art Computerprogramm, das teilweise, in der Theorie von Noam Chomsky und seiner Schule, sogar angeboren, damit auf Biologisches reduzierbar sein soll. Es ist deshalb nur ein kleiner Schritt, Menschen überhaupt als durch Informationsprozesse geformte biologische Maschinen – programmiert vom Gen-Code – und das menschliche Denken als steuerbaren Informationsprozess zu betrachten. Die Dinge selbst werden immer mehr »geldförmig«, flüssig variierbare, programmierte Häuflein einer von Informationen gestalteten Materie, und dies sowohl bei medizinischen Eingriffen wie auch ideologisch, z. B. bei der »Neudefinition« von natürlichen Geschlechterdifferenzen. Die Fülle an Informationen, die allen im Internet (wie manipulativ selektiert auch immer) verfügbar sind, verdecken menschliche Beziehungen mehr und mehr in einem Dunkel der Informationsfülle, Bedeutungsarmut und Geistlosigkeit. Ist Information auch inflationär verfügbar, das *Wissen* um Bedeutungen geht immer mehr verloren.

Trotz dieses Dunkels, das die gegenwärtigen Entwicklungen umgibt und vielfach verdeckt, und besonders auch in Ermangelung prophetischer Fähigkeiten, möchte ich dennoch abschließend einen kleinen Ausblick wagen. Wenn ich oben zusammenfassend sagte, »dass das Geld *als* Geld, als soziale Funktion und als wirksame Menge nur durch die Denkprozesse und Handlungen der Vielen, der Marktteilnehmer hindurch wirkt«, so ist unterstellt, dass die Gesellschaft sich immer noch in der großen Mehrheit ihrer Menschen aus wenigstens partiell frei agierenden Individuen auf den Märkten zusammensetzt. Im Steinzeitkommunismus einiger Länder hat sich vorübergehend im 20. Jahrhundert zweifellos die Rolle des Geldes grundlegend gewandelt. Dies allerdings im Zwang totalitärer Regime durchaus in einer Fortsetzung der Herrschaft jener »rationalen«, technisch gewendeten Denkformen, die aus der Geldökonomie hervorgegangen sind. Die totale Herrschaft der Ratio als *politische* Form droht den Logos menschlicher Gemeinschaften durch subtile Manipulation oder offene Gewalt aufzuheben. Orwells »1984« ist dafür ebenso das Modell wie die Wahnideen des Transhumanismus. Die »Denkprozesse und Handlungen der

Vielen«, durch die sich Geldprozesse vollziehen, wurden bislang keineswegs nur von außen durch staatlichen oder anderen, privaten Zwang eingeschränkt. Was Edward Bernays als Propagandatheorie entwickelt hat, womit Denkformen *unmittelbar* verändert und beherrscht werden, ist in der Gegenwart durch vielfältige Eingriffe in Meinungsbildungsprozesse nahezu perfektioniert worden.

Die Ratio der Geldlogik wird in diesen neueren Entwicklungen gleichsam in elektronischen Techniken *verkörpert* und das Bewusstsein der Individuen selbst propagandistisch (oder schlimmer noch: durch pharmazeutische Mittel) gelenkt. Der durch die menschliche Sinnlichkeit vermittelte Bezug auf die äußere Natur wird immer mehr substituiert, wobei Bildschirme von Computern oder Smartphones erst einen Vorgeschmack darstellen. Der Propagandist des Transhumanismus, Yuval Noah Harari, sagt unumwunden: »Humans are Losing Touch with the Physical World«, und wir verlieren individuell »the privileged access to (our) body«[48]. Der durch Sprache und Geld sozial vermittelte Bezug auf die äußere Welt wird mehr und mehr erobert durch elektronische und jüngst auch biologisch-genetische Prozesse, die beides – Sprache und Geld – ersetzen oder ergänzen. Welche Institutionen derartige Systeme (besonders das Internet) kontrollieren, das wird zur lebenswichtigen Zukunftsfrage. Wir werden in dieser neuen, elektronischen »Matrix« wohl weniger durch viele »Terminatoren« (wie in Hollywood-Filmen) äußerlich beherrscht. Vielmehr sollen *wir selbst* uns nach dem Willen einiger völlig vom Wahn der Ratio verhexten »Visionäre« immer mehr in von einer KI gesteuerte Roboter verwandeln. Dies hat sich in Geldökonomien schrittweise vorbereitet, gleichsam als negatives Erziehungsprogramm. Werden Menschen auf vielfältige Weise als *homo oeconomicus* vom je anderen behandelt und durch Staaten oder zentrale Organisationen auch durch »Anreize« äußerlich gesteuert (*Nudging* durch *Incentives*), so scheinen Menschen für den verblendeten Blick einer falschen Wissenschaft Roboter zu sein. Robert E. Lucas, Träger des Wirtschaftsnobelpreises, hat die von Ökonomen verwendete Vision der Wirtschaft auf eine Weise charakterisiert, die der Transhumanismus drauf und dran ist, als Realität umzusetzen:

»Die Wirtschaftstheorie ist eine Methode, menschliches Verhalten zu verstehen, bei der so verfahren wird, daß man künstliche, fiktive Menschen – Roboter könnte man sagen – konstruiert und das Funktionieren künstlicher Wirtschaftsordnungen, die sich aus solchen Akteuren zusammensetzen, untersucht.« [49]

Was »rational« als Abstraktion im Modell konstruiert wurde, das nehmen Transhumanisten wörtlich und wollen die Menschen selbst neu konstruieren und elektronisch verknüpfen (»Internet of Bodies«). Auf erschreckende Weise offenbart sich hier die tiefe Wahrheit eines Satzes von Hegel: »Abstraktionen in der Wirklichkeit geltend machen, heißt Wirklichkeit zerstören.« [50] Und das Geld ist der Grund einer Abstraktion, die sich in vielen Verkleidungen der Ratio als herrschende Gewalt geltend macht und dabei ist, die *menschliche Wirklichkeit* zu zerstören. Auch jenseits des Wahns technokratischer »Visionäre« gilt: Das Denken in und aus der Gemeinschaft mit anderen Menschen wird durch vielfältige, kaum mehr als »Rechnungen« wahrgenommene elektronische Mittel substituiert. Somit droht die Herrschaft der Ratio über den Logos *technisch* ihrer Vollendung entgegenzugehen.

Es gibt aber noch eine Hoffnung beim Blick auf dieses düstere Szenario. Dann, wenn immer mehr Menschen zur Herkunft und Wahrheit dieser berechnenden, berechenbaren und damit lenkbaren Denkform der Ratio *aufwachen*. Die phänomenologische Erkenntnis der *Herkunft* dieser Denkform könnte hierbei - wie, dies zu zeigen war die Absicht meines Textes - eine Hilfe sein.

Das auffallende Phänomen ist, dass die Geldverwendung unaufhörlich eine Geldlosigkeit hervorbringt. Man kann Geld nur verwenden, wenn man es ausgibt.

Endnoten

1 Quellen der Zitate in der Reihe ihrer Nennung: M. Weber (1980), S. 21; G. Simmel (1977), S. 60; K. Marx: MEW 23, S. 791; F. Engels: MEW 20, S. 17 und S. 264; G.W.F. Hegel: WW 7 und WW 10, fortlaufend.

2 J. Robinson (1953–54), S. 81. Joan Robinson bezog sich in ihrer Bemerkung auf das analoge Problem der Messung des Kapitalstocks K in einer makroökonomischen Produktionsfunktion. Ich gehe weiter unten nochmals auf diese Frage der Messung von M ein.

3 Ich denke – neben Aristoteles – vor allem an: Nicolas von Oresme, Adam Smith, Adam Müller, Karl Marx, Carl Knies, Carl Menger, Friedrich Wieser, Ludwig von Mises, Robert Liefmann, Othmar Spann und andere. Eine ausführliche Darstellung findet sich im Teil 4 meines Buchs »Die Herrschaft des Geldes« (2022).

4 Backhaus und Stadermann (2000), S. 13, sagen, dass Simmels »Aussagen zur Phänomenologie des Geldes halbe oder ganze Zitate von Marx sind« – eine sehr steile These, deren kritische Prüfung hier aber nicht der Ort ist.

5 Aldo Haesler (2011). Eine entfaltete Phänomenologie des Geldes sowie ausführliche kritische Exkurse finden sich in meinem Buch »Die Herrschaft des Geldes« (2009; 3. Aufl. 2022) und in Brodbeck (2014a; 2014b).

6 Vgl. für einen Überblick H. Spiegelberg (1982).

7 I. Kant: Werke Bd. 9, S. 22.

8 G. Berkeley (1979), S. 81f.

9 E. Husserl (1984), S. 47.

10 Thomas von Aquin spricht in seinem Kommentar zur Metaphysik des Aristoteles von der höchsten denkbaren Wissenschaft. Er begreift Metaphysik als Wissenschaft jener Kategorien, die alle anderen Denkformen durchherrschen. Metaphysik ist insofern die allgemeinste Regelwissenschaft, scientia regulatrix; vgl. meine »Metaphysik des Geldes«, K.-H. Brodbeck (2009) und »Verborgene metaphysische Voraussetzungen in der zeitgenössischen Wirtschaftslehre«, K.-H. Brodbeck (2014c).

11 Vgl. dazu K.-H. Brodbeck (2016) für eine endogene Rekonstruktion arithmetischer Probleme, die von sich her auf die Geldverwendung verweisen.

12 »No theory of money is offered here, and it is assumed that the economy works without the help of a good serving as medium of exchange.« G. Debreu (1959), S. 28. Man kann vieles annehmen; ein »that« davon zu behaupten, ist aber völlig absurd, wenn die Begriffe »the economy« und »exchange« nur den geringsten empirischen Sinn haben sollen. Im Kleid der mathematischen Cleverness verbirgt sich hier eine atemberaubende begriffliche Naivität.

13 Gemeint ist Folgendes: Wenn an einem Ort für das Tauschverhältnis – jeweils in Güterquantitäten – A / B, an einem zweiten, davon getrennten Ort B / C gilt, so wäre es ein reiner Zufall, wenn für die Tauschrelation A / C an einem dritten, wiederum getrennten Ort gelten würde: A / B * B / C = A / C. Das wäre nur der Fall, wenn bereits alle Tauschrelationen dieser Orte in einer Einheit gemessen bzw. vollzogen würden, wenn also die drei Tauschorte bereits durch Geld vergesellschaftet wären.

14 Belege dazu sind ausführlich in meinem Buch »Die Herrschaft des Geldes« nachzulesen. Nur wenige Autoren haben den Zirkel erkannt. So sagt Gustav Cassel: »Die ganze Vorstellung von der Entwickelung des Wirtschaftslebens aus einer Tauschwirtschaft ohne Geld zu einer Geldwirtschaft ist ohne Zweifel im wesentlichen falsch.« G. Cassel (1926), S. 28. Vgl. auch J. Ohno (1931), S. 28f. Zu Cassel vgl. Karl-Heinz Brodbeck (2022), Kapitel 4.8.3.

15 P. Johnson (2009).

16 Diese Denkform hat nun ihrerseits als Gedanke eine Geschichte, die besonders Richard Seaford am Beispiel griechischen und asiatischen Denkens genauer untersucht hat: »My results have the potential to provide a historical dimension to Karl-Heinz Brodbeck's brillant analysis of money as a form of thought (Gedankenform).« R. Seaford (2019), S. 479 (Hervorhebung im Original).

17 »Das Wesen des Geldes besteht also darin, daß ‚jeder es nimmt'.« R. Liefmann (1919), S. 103.

18 »Dadurch, dass er den Sohn erzeugt, erzeugt er vielmehr selbst erst sich als Vater«; zitiert nach: Hans-Georg Gadamer (1999), S. 24. »If the son is to be produced (utpādya) by the father, and if that father is to be prduced by that very son, tell me which of these produces which other« Nagarjuna (1998), S. 123. Vgl.: »Denn wenn der Sohn ist, ist der Vater, und wenn der Vater ist, ist der Sohn.« Meister Eckhart, Die lateinischen Werke, 3. Band, Stuttgart-Berlin 1940, S.166. Analog: »Dieser Mensch ist z. B. nur König, weil sich andre Menschen als Untertanen zu ihm verhalten. Sie glauben umgekehrt Untertanen zu sein, weil er König ist.« K. Marx: MEW Bd. 23, S. 72, Note.

19 Vgl. ausführlich zu dieser Denkfigur mein Buch »Der Zirkel des Wissens« (2002), besonders S. 136ff.

20 Für X können beliebige Dinge oder Sachverhalte eingesetzt werden wie in einer mathematischen Gleichung.

21 Wir wissen heute »(was man immer hätte wissen können), daß die Konkurrenzwirtschaft ein Moralzehrer ist und daher Moralreserven außerhalb der Marktwirtschaft voraussetzt«, W. Röpke (1942), S. 88.

22 K. Marx (1970), S. 27.

23 K. Marx MEW 23, S. 59. Es gilt hier exakt das, was Marx an anderer Stelle so charakterisiert: »Der grobe Empirismus schlägt in falsche Metaphysik, Scholastik um, die sich abquält, unleugbare empirische Phänomene direkt, durch einfache formelle Abstraktion (…) zurechtzuräsonieren.« K. Marx, MEW 26.1, S. 60. Auch hier zeigt sich, »dass Marx immer wieder auch selbst sein bester Kritiker ist«. K.-H. Brodbeck (2022), S. 653.

24 Vgl. zur Kapitalkontroverse u. a. G. C. Harcourt (1972). Eine Detailkritik hierzu findet sich in K.-H. Brodbeck (2013) und in den Teilen 4 und 6 meiner »Herrschaft des Geldes«.

25 Ich habe diese Frage anhand der Antworten innerhalb der Arithmetik genauer dargestellt in: K.-H. Brodbeck (2016), S. 44–55.

26 Weitere Hinweise dazu finden sich bei Richard Seaford (2004; 2019). Vgl. auch K.-H. Brodbeck (2022), Kapitel 5.2.2 und weitere meiner Texte zum Geld im Literaturverzeichnis.

27 J. Halfwassen (2004), S. 94; vgl. Plotin: Enneade 1.9. Der im Geld und in der Sprache offenbare, im Bewusstsein der Vielen reproduzierte Geist lässt sich weder auf einen äußeren metaphysischen Grund noch von innen auf ein transzendentales Ego zurückführen. Er ist in der und als Gesellschaft die unaufhörliche Selbstoffenbarung, die nicht abgeleitet, nur phänomenologisch entdeckt werden kann.

28 Vgl. zu dieser inneren Verwandtschaft D. Seyfort Ruegg (1978); Karl-Heinz Brodbeck (2010).

29 Mehr dazu findet sich im Teil 5 meines Geldbuches und in K.-H. Brodbeck (2016a, 2016b).

30 Die Maßsysteme, Gewichte usw. sind historisch durchaus gleichzeitig mit der Entwicklung der Märkte und der Geldverwendung entstanden. »Die Herrschaft des Geldes wird von den Dingen damit beantwortet, dass sie uns nur noch ihr quantitatives ›Gesicht‹ zukehren.« B. Liebrucks (1970), S. 182.

31 Die archäologischen Funde und ihre Deutung durch Denise Schmandt-Besserat (1992) legen das nahe. Eine vergleichbare Schlussfolgerung kann man aus den kleinen Tontäfelchen der frühen und mittleren Periode ziehen, die man in Harappa (ca. 2000 v. u. Z.) im Indus-Tal gefunden hat; vgl. J. M. Kenoyer (1997), Shereen (1981).

32 Kant und ihm nachfolgend Hegel unterscheiden »Vernunft« und »Verstand« als diese beiden Formen. Der Verstand grenzt ein in fixe Kategorien, die Vernunft verflüssigt alle Grenzen, sagt Hegel. Man kann auch den Verstand – wie das Rechnen – als Gewohnheit des Geistes beschreiben, die Vernunft dagegen als Kreativität.

33 Georg Simmel (1977) hat zahlreiche weitere Aspekte der Geldverwendung als deren Wirkung beschrieben.

Seine Hinweise sind wertvoll, auch wenn er nicht klar unterscheidet zwischen jenen Aspekten, die den Begriff des Geldes und jenen, die sich als Wirkungen der Geldverwendung empirisch erst ergeben.

34 G. W. F. Hegel (1971), S. 217.

35 I. Kant (1968), S. 286.

36 Das ist auch der einfache Sinn des berühmten »Bäcker-Zitats« von Adam Smith: »Nicht vom Wohlwollen des Metzgers, Brauers und Bäckers erwarten wir das, was wir zum Essen brauchen, sondern davon, dass sie ihre eigenen Interessen wahr-
nehmen. Wir wenden uns nicht an ihre Menschen-, sondern an ihre Eigenliebe, und wir erwähnen nicht die eigenen Bedürfnisse, sondern sprechen von ihrem Vorteil.« A. Smith (1978), S. 17.

37 B. Liebrucks (1970), S. 178.

38 Vgl. Cassel (1926), S. 28: »Die These, Geld sei aus dem Tausch hervorgegangen, aus der Einsicht, dass es zweckmäßig sei, findet keine Stütze.« Historische Belege deuten darauf hin, »dass Geld gerade nicht aus dem Tausch entstanden ist.« K.-H. Brodbeck (1996), S. 202–203. Ich habe übrigens für mein Argument auf die gleichen Quellen verwiesen, die auch Hudson und Graeber später als Beleg verwendet haben.

39 Einige Aspekte habe ich in Kapitel 6 meines Buches über Hayek skizziert, K.-H. Brodbeck (2021).

40 Vgl. hierzu S. Meikle (1994) für eine genauere Darstellung bei Aristoteles.

41 G. Simmel (1977), S. 308.

42 Vgl. K.-H. Brodbeck (2022), S. 550 ff.

43 Vgl. P. Johnson (2009a); K.-H. Brodbeck (1996), Kapitel 17 und »Die Herrschaft des Geldes«, Teil 6.

44 Vgl. zur MMT: L. R. Wray (2000); E. Tymoigne, L. R. Wray (2005). Stichwortgeber der MMT ist hier neben G. F. Knapp auch A. M. Innes (1913). Popularisiert wurde die MMT vor allem von Stephanie Kelton in ihrem Buch »The Deficit Myth« (2020); siehe auch meine Anmerkungen zur MMT in Brodbeck (2020).

45 Vgl. J. Benes, M. Kumhof (2012) und meine Diskussion mit Joseph Huber: www.youtube.com/watch?v=bA9gGLK0YAo.

46 S. Zuboff (2019).

47 Vgl. hierzu ausführlicher K.-H. Brodbeck (2020); (2021), Kapitel 6.

48 Vgl. die Interviews mit Harari, verfügbar auf www.youtube.com/watch?v=eyFxhxqQH2g und www.youtube.com/watch?v=wChlu-WCqCT0.

49 R. Lucas (1939), S. 74.

50 G.W.F. Hegel: Vorlesungen über die Geschichte der Philosophie III, WW Bd. 20, S. 331.

Literatur

Arendt, Hannah (1970): *Macht und Gewalt*, München-Zürich

Aristoteles (1969): *Nikomachische Ethik*, übers. v. Franz Dirlmeier, Stuttgart

Backhaus, Jürgen G.; Hans-Joachim Stadermann (Hg.) (2000): *Georg Simmels Philosophie des Geldes*, Marburg

Benes, Jaromir; Michael Kumhof (2012): The Chicago Plan Revisited, IMF Working Paper WP/12/202, International Monetary Fund,

Berkeley, George (1979): Philosophisches Tagebuch, übers. v. W. Breidert, Hamburg

Brodbeck, Karl-Heinz (1996): *Erfolgsfaktor Kreativität. Die Zukunft unserer Marktwirtschaft*, Darmstadt

Brodbeck, Karl-Heinz (2002): *Der Zirkel des Wissens. Vom gesellschaftlichen Prozeß der Täuschung*, Aachen

Brodbeck, Karl-Heinz (2006): *Gewinn und Moral. Beiträge zur Ethik der Finanzmärkte*, Aachen

Brodbeck, Karl-Heinz (2009): *Die Metaphysik des Geldes*; in: der blaue reiter 27, S. 38–42

Brodbeck, Karl-Heinz (2009a): *Geldwert und Geldgier. Zur Macht einer globalen Illusion*; in: Konrad Paul Liessmann (Hg.): Geld. Was die Welt im Innersten zusammenhält?, Wien, S. 207–238

Brodbeck, Karl-Heinz (2011): *Kann das Geld abgeschafft werden? Reflexionen zur monetären Vergesellschaftung*; in: Walter Otto Ötsch, Katrin Hirte, Jürgen Nordmann (Hg.): Gesellschaft! Welche Gesellschaft, Marburg, S. 93–117

Brodbeck, Karl-Heinz (2011): *Buddhistische Wirtschaftsethik. Eine Einführung*, 2. Aufl., Berlin

Brodbeck, Karl-Heinz (2012a): *Von der Geldgier zum Wachstum an Verbundenheit*; in: Gerald Hüther, Christa Spannbauer (Hg.): Connectedness, Bern, S. 43–60;

Brodbeck, Karl-Heinz (2012b): *Das Geld als Ratio*, Die Idee, Ausgabe I, Januar, S. 80–85

Brodbeck, Karl-Heinz (2013): *Die fragwürdigen Grundlagen der Ökonomie. Eine philosophische Kritik der modernen Wirtschaftswissenschaften*, 6. Aufl., Darmstadt

Brodbeck, Karl-Heinz (2014a): *Philosophie des Geldes*; in: Wolf Dieter Enkelmann, Birger P. Priddat (Hg.): Was ist? Wirtschafts-Philosophische Erkundungen, Band 3.1, Marburg, S. 45–76

Brodbeck, Karl-Heinz (2014b): Faust und die Sprache des Geldes. Denkformen der Ökonomie – Impulse aus der Goethezeit, Freiburg-München

Brodbeck, Karl-Heinz (2014c): *Verborgene metaphysische Voraussetzungen in der zeitgenössischen Wirtschaftslehre*, Working Paper Serie am Institut für Ökonomie und Institut für Philosophie, Nr. Ök-2

Brodbeck, Karl-Heinz (2016): *Geld als Denkform. Sprache, Mathematik und die Einheit der monetären Vergesellschaftung*; in: Brodbeck / Graupe (2016), S. 19–70

Brodbeck, Karl-Heinz (2019): *Die Krise der monetären Vergesellschaftung. Beiträge zur Philosophie des Geldes*, Marburg

Brodbeck, Karl-Heinz (2020): *Cash – ohne Bargeld geht es nicht?* Vortrag in Velden am Wörthersee, 27. 8. 2020

Brodbeck, Karl-Heinz (2021): *Preise, Markt und Ideologie. Zur Kritik von Hayeks Theorie des Wissens*, Marburg

Brodbeck, Karl-Heinz (2022): *Die Herrschaft des Geldes. Geschichte und Systematik*, 3. Auflage, Marburg 2022 (1. Aufl. 2009, 2. Aufl. 2012)

Brodbeck, Karl-Heinz; Silja Graupe (Hg.) (2016): *Geld! Welches Geld? Geld als Denkform*, Marburg

Brunner, K.; A. H. Meltzer (1974): *Die Verwendung von Geld: Geld in der Theorie einer Tauschwirtschaft*; in: K. Brunner, H. G. Monissen, M. J. M. Neumann (Hg.): Geldtheorie, Köln, S. 50–73

Cassel, Gustav (1926): *Grundgedanken der theoretischen Ökonomie.* Vier Vorlesungen, Leipzig-Erlangen

Davies, Glyn (2002): *A History of Money*, Cardiff

Debreu, Gérard (1959): *Theory of Value. An Axiomatic Analysis of Economic Equilibrium*, New Haven-London

Eckhart, Meister (1940): Die lateinischen Werke, 3. Band, Stuttgart-Berlin

Fisher, Irving (1936): *100 % Money and the Public Debt*, Economic Forum, Spring Number, S. 406–42

Gadamer, Hans-Georg (1999): *Der Anfang des Wissens*, Stuttgart

Gerloff, Wilhelm (1952): *Geld und Gesellschaft. Versuch einer gesellschaftlichen Theorie des Geldes*, Frankfurt a.M.

Graeber, David (2011): *Debt. The first 5.000 Years*, New York

Haesler, Aldo: *Der Mensch ist »ein geldtheoretischer Depp«*, Interview im Deutschlandradio Kultur vom 9.9.2011, www.dradio.de/dkultur/sendungen/interview/1550050/ (25. Januar 2013)

Halfwassen, Jens: Plotin, München 2004

Harcourt, G. C. (1972): *Some Cambridge Controversies in the Theory of Capital*, Cambridge et al.

Hayek, Friedrich A. (1977): *Entnationalisierung des Geldes*, Tübingen

Hegel, Georg Wilhelm Friedrich: *Phänomenologie des Geistes*, WW Bd. 3, hrsg. v. Eva Moldenhauer und Karl Markus Michel, Frankfurt a.M.

Hegel, Georg Wilhelm Friedrich: *Werke*, hrsg. v. Eva Moldenhauer und Karl Markus Michel, Frankfurt a. M. (= WW Bd.)

Heidegger, Martin (1994): *Einführung in die phänomenologische Forschung*, hrsg. v. F. W. von Herrmann, Gesamtausgabe Band 17, Frankfurt a.M.

Helfferich, Karl (1903): *Das Geld*, Leipzig

Howgego, Christopher (2011): *Geld in der Antiken Welt*, 2. Aufl., Darmstadt

Hudson, Michael (2002): *Debt and economic renewal in the ancient Near East*, Bethesda, Md

Husserl, Edmund (1968): *Logische Untersuchungen*, 5. Auflage, Tübingen

Husserl, Edmund (1973): *Zur Phä nomenologie der Intersubjektivität*. Texte aus dem Nachlass, Hrsg. von Iso Kern, Den Haag, drei Teile

Husserl, Edmund (1977): *Cartesianische Meditationen. Eine Einleitung in die Phänomenologie*, hrsg. v. Elisabeth Ströker, Hamburg

Husserl, Edmund (1980): *Ideen zu einer reinen Phänomenologie und phänomenologischen Philosophie*, 4. Aufl., Tübingen

Husserl, Edmund (1984): *Untersuchungen zur Phänomenologie und Theorie der Erkenntnis*, Logische Untersuchungen II.1, Husserliana, Gesammelt Werke Bd. XIX/I, Kluwer Boston

Innes, A. M. (1913): *What is Money?*, Banking Law Journal, May, S. 377–408.

Johnson, Peter (2009): *The Rule of Money*, OpenDemocracy, Online-Text (download: 9.9.2009), www.opendemocracy.net/en/die-herrschaft-des-geldes-the-rule-of-money

Johnson, Peter (2009a): *Brodbeck on Bentham*, OpenDemocracy, Online-Text (download: 10.10.2009), www.opendemocracy.net/en/die-herrschaft-des-geldes-the-rule-of-money/

Kant, Immanuel: *Werke* in zwölf Bänden; hrsg. v. Wilhelm Weischedel, Frankfurt am Main 1977

Kant, Immanuel (1968): *Metaphysik der Sitten*, Akademie Ausgabe Bd. VI, Reprint Berlin

Kelly, Sean Dorrance (2005): *Closing the Gap: Phenomenology and Logical Analysis*, The Harvard Review of Philosophy 13, S. 4–24

Kelton, Stephanie (2020): *The Deficit Myth. Modern Monetary Theory*, New York

Kenoyer, Jonathan M. (1997): *Trade and technology of the Indus Valley: new insights from Harappa, Pakistan*, World Archaeology, 29:2, S. 262–280

Keynes, John Maynard (1973a): *The General Theory of Employment, Interest and Money*, Collected Writings Vol. VII, London-Basingstoke

Knapp, Georg Friedrich (1921): *Staatliche Theorie des Geldes*, 3. Aufl., München-Leipzig (1. Aufl. 1905)

Knies, Carl (1873): *Das Geld*, Berlin

Laum, Bernhard (1924): *Heiliges Geld*, Tübingen: J.C.B. Mohr (Paul Siebeck)

Liebrucks, Bruno (1970): *Über den logischen Ort des Geldes*, Kant-Studien 61, S. 159–189

Liefmann, Robert (1916): *Geld und Gold. Ökonomische Theorie des Geldes*, Stuttgart-Berlin

Liefmann, Robert: *Grundsätze der Volkswirtschaftslehre*, II. Band: Grundlagen des Tauschverkehrs, Stuttgart-Berlin 1919

Lucas, Robert E. (1993): *Ethik, Wirtschaftspolitik und das Verstehen wirtschaftlicher Entwicklung*; in: Sekretariat der Deutschen Bischofskonferenz (Hrsg.), Päpstlicher Rat. Justitia et Pax, Gesellschaftliche und ethische Aspekte der Ökonomie. Ein Kolloquium im Vatikan, 1. April 1993, Bonn

Marx, Karl (1953): *Grundrisse der Kritik der politischen Ökonomie (Rohentwurf)*, Berlin

Marx, Karl (1867): *Das Kapital*, 1. Aufl., Hamburg (Reprint: Hildesheim 1980)

Marx, Karl (1970): *Resultate des unmittelbaren Produktionsprozesses*, Frankfurt a. M.

Marx, Karl; Friedrich Engels: *Werke*, hrsg. v. Institut für Marxismus-Leninismus beim ZK der SED, Berlin 1956ff. (= MEW Bandnummer)

Meikle, Scott (1994): *Aristotle on Money*, Phronesis, XXXIV, S. 26-44

Menger, Carl (1909): *Geld*; in: Schriften über Geldtheorie und Währungspolitik, Gesammelte Werke Bd. IV, Tübingen, S. 1-116

Merleau-Ponty, Maurice (1966): *Phänomenologie der Wahrnehmung*, Berlin

Mises, Ludwig von (1924): *Theorie des Geldes und der Umlaufsmittel*, 2. Aufl., München-Leipzig

Müller, Adam (1922): *Versuche einer neuen Theorie des Geldes*, hrsg. v. Helene Lieser, Jena

Nagarjuna (1998): Vigrahavyavartani, übers. v. Kamaleswar Bhattcharya, Delhi

North, Michael (1994): *Das Geld und seine Geschichte*, München

Ohno, Junichi (1931): *Sozialökonomische Theorie des Geldes*, Leipzig

Oresme, Nicolas von (1994): *Traktat über Geldabwertungen*, übers. v. Wolfram Burckhardt, Berlin

Neske, Günther (Hrsg.) (1977): *Erinnerungen an Martin Heidegger*, Pfullingen

Ratnagar, Shereen (1981): *Encounters: the westerly trade of the Harappa civilization*, Delhi

Ricardo, David: *The Works and Correspondence of David Ricardo*, hrsg. v. Piero Sraffa, Cambridge 1951-1973

Robinson, Joan (1953-54), S. 81. *The Production Function and the Theory of Capital*, Review of Economic Studies 21, S. 81-106

Röpke, Wilhelm (1942): *Die Gesellschaftskrisis der Gegenwart*, 4. Aufl., Erlenbach-Zürich

Ruegg, D. Seyfort (1978): *Mathematical and Linguistic Models in Indian Thought: The Case of Zero and Śūnyatā*, Wiener Zeitschrfit für die Kunde Südasiens, XXII, S. 171-181

Schmandt_Besserat, Denise (1992): *How Writing Came About*, Austin: University of Texas Press

Seaford, Richard (2004): *Money and the Early Greek Mind*, Cambridge University Press

Seaford, Richard (2019): *Money, Reincarnation, and Karma*; in: Silja Graupe, Walter Otto Oetsch, Florian Rommel (Hg.): Spiel-Räume des Denkens. Festschrift zu Ehren von Karl-Heinz Brodbeck, Marburg, S. 479-501

Shell, Marc (1982): *Money, Language, and Thought*, Baltimore-London

Simmel, Georg (1977): *Philosophie des Geldes*, 7. Aufl., Berlin

Smith, Adam (1978): *Der Wohlstand der Nationen*, hrsg. v. H. Recktenwald, München

Spiegelberg, Herbert (1982): *The Phenomenological Movement*, 3. Aufl., The Hague-Boston-Lancaster

Tymoigne, Eric; L. Randall Wray (2005): *Money: An Alternative Story*, CEPS Working Paper No. 45

Walras, Léon (1922): *Theorie des Geldes*, übers. v. Richard Kerschagl u. Stephan Raditz, Jena

Weber, Max (1980): *Wirtschaft und Gesellschaft. Grundriß der verstehenden Soziologie*. 5., revidierte Auflage, Tübingen

Wieser, Friedrich (1927): *Geld*; in: Handwörterbuch der Staatswissenschaften, 4. Aufl., vierter Band, Jena, S. 681-717

Wicksell, Knut (1898): *Geldzins und Güterpreise*, Jena

Wray, L. Randall (2000): *The Neo-Chartalist Approach to Money*, CEPS Working Paper No. 10

Zarlenga, Stephen (2002): *The Lost Science of Money*, Valatie, NY

Zuboff, Shoshana (2019): *The Age of Surveillance Capitalism*, New York

»Geld ist eine Sache, deren Gebrauch nur dadurch möglich ist, daß man sie veräußert.«

Immanuel Kant